U0023827

匈牙利
旅圖攻略

粟子　著

布達佩斯×16座大城小鎮

解構匈牙利六大獨家特色

住宿、車票、自駕、點餐，旅遊資訊全收錄

八大世界文化遺產＋七處溫泉浴場

最詳盡的匈牙利自助旅遊書！

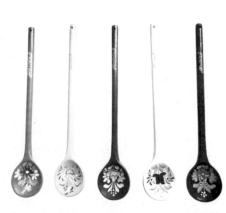

目　錄

匈牙利，我們不一樣

「聽說匈牙利人是匈奴的後代？」親朋耳聞粟子小姐即將前往匈牙利，口徑一致提出這看似單純實際複雜的「聽說」。面對專業度極高的大哉問，身為一位仰賴咕狗大神的資深民族系畢業生，嘗試彙整多方說法的結果，只能簡要地迂迴解釋：「馬札爾人可能源自突厥，對 9 世紀的中歐人而言，就是一批騎馬來的東方新移民。」實際上，無論是學術理論支持的突厥抑或聽來很炫的匈奴，單單就靠這層「千年前來自東方」的遠親關係，就算語言不通、文字不懂，匈牙利基本上比其他歐洲國家多了一份「師出同門」的親切感。

在匈牙利的日子，除了忙著喝古拉什與貴腐酒、吃蘭戈斯（撒上蒜汁與起司絲的炸油餅）和曼加利察豬料理、盡情享受歐洲難得親民物價的同時，也對眼前的匈牙利人進行小規模的觀察分析，結論包括：個性相當急（距離火車到站尚 10 分有餘，就在門口卡位等開門下車）、容易不耐煩（問第 2 次或聽不懂就會獲臭臉一枚）、嗜喝含糖飲料（人手一瓶 N 公升裝可樂或果汁）、喜吃豬肉（以捲毛豬聞名全球）、好泡溫泉（照三頓到浴池鬆一下）、偏愛巨大份餐點（主餐大、甜點大、樣樣大大大），以上內容雖不具學術價值，卻是有血有肉的親身經歷。

或許是天生性情或後天養成使然，此行接觸的匈牙利人，多屬低調而有距離感的類型，對陌生人的求助雖會搭理，但總是以（感到困擾的）皺眉開始、（鬆一口氣的）皺眉結束。相較青壯年的淡漠，親切和藹的熟齡婦人倒不吝於釋出善意，像是：在溫泉浴池，泳裝阿嬤含笑送上噴出湧泉的 SPA 好位；在火車站，候車婆婆熱心說明進站車輛將開往何處；在巴士亭，等車奶奶比手畫腳告知發車時間……多虧她們的「舉手之勞」，讓人在異國的徬徨老外感受「土不親人親」的匈式溫暖。

「咦？這門怎麼鎖不住！」第一天入住布達佩斯民宿，旅伴與我馬上遭遇「沒辦法鎖門」的晴天霹靂！猛噴汗珠的兩人將鑰匙左轉右轉都無作用，萬般無奈下，只能硬著頭皮喚出剛回房休息、滿面通紅的接待大媽。「喔！將手把往上扳，再轉鑰匙，然後放下手把，就OK啦！」大媽先以簡單英文搭配流暢動作「秒鎖」，再看著我們很不流暢地照做一次。見她一臉疑惑：「怎麼連門都不會鎖？」我們只得苦笑：「咱們那兒沒這種門鎖。」語畢，換大媽瞪眼：「喔？真的喔！」

　　其實，整趟匈牙利行不乏「學鎖門」一類當地人司空見慣，臺灣人前所未聞的機會教育情境，雖然過程不免波折，卻都能在「匈人」的俐落指引與「臺客」的觸類旁通下迎刃而解。所以，想欣賞絕美的多瑙河畔夜景、想品嘗濃醇香的匈式料理、想認識和「我們不一樣」的東歐嗎？快訂機票去匈牙利流浪吧！

Suzi 栗子

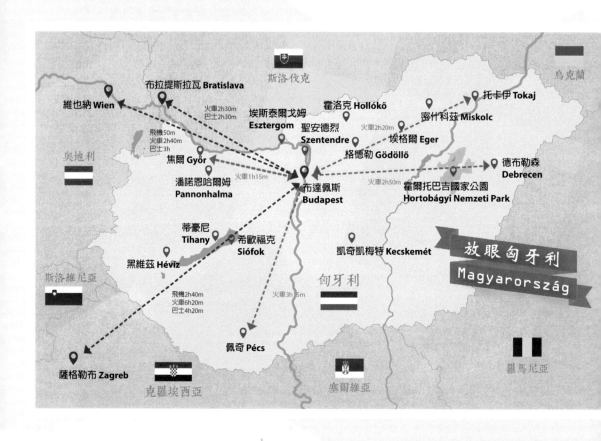

維也納 Wien

布拉提斯拉瓦 Bratislava

斯洛伐克

火車2h30m
巴士2h30m

埃斯泰爾戈姆
Esztergom

霍洛克 Hollókő

托卡伊 Tokaj

密什科茲 Miskolc

烏克蘭

飛機50m
火車2h40m
巴士3h

奧地利

焦爾 Győr

聖安德烈
Szentendre

埃格爾 Eger

火車2h20m

潘諾恩哈爾姆
Pannonhalma

格德勒 Gödöllő

德布勒森
Debrecen

火車1h15m

布達佩斯
Budapest

火車2h50m

霍爾托巴吉國家公園
Hortobágyi Nemzeti Park

蒂豪尼
Tihany

希歐福克
Siófok

凱奇凱梅特 Kecskemét

黑維茲 Hévíz

匈牙利

斯洛維尼亞

飛機2h40m
火車6h20m
巴士4h20m

火車3h15m

放眼匈牙利
Magyarország

佩奇 Pécs

羅馬尼亞

薩格勒布 Zagreb

克羅埃西亞

塞爾維亞

Part 1

「匈」有成竹
解構匈牙利 6 大特色

　　地處歐洲大陸的匈牙利，光芒總被鄰國分散，背包客或旅行團常將她視為「蜻蜓點水」的一點，布達佩斯、聖安德烈、埃格爾匆匆一瞥，頂多再「淺泡」1、2 座浴場，就得打包行李趕赴另一個國度，著實有些可惜。儘管匈牙利的知名度不若芳鄰捷克那般響亮、形象也不如夥伴奧地利那般明確，卻是「去過都稱讚」的零負評觀光勝地！想知道匈牙利的美酒有多「腐」、辣椒有多「Hot」、溫泉有多「棒」、豬肉有多「毛」、心情有多「悶」、舊貨有多「讚」？以下 6 項重點整理，讓您一看就懂！

喝好「匈」——貴腐酒·甜蜜蜜

　　「坦白說，酸的我喝不慣，給我一杯真正甘甜醇美的！」「那麼立刻為你倒上托卡伊的佳釀。」德國文學巨擘哥德在劇作《浮士德》的〈萊比錫城的奧爾巴赫地下酒店〉中指明的葡萄酒，正是匈牙利東側的同名酒鄉托卡伊（Tokaji）所出產的貴腐酒（Tokaji Aszú），其不僅是貴腐酒的源頭與典型，更是三個產區中（另兩處為法國波爾多、德國萊茵高）評價最高的一個。數百年來，它憑著蜂蜜般的香甜滋味與不遜黃金的稀少產量，深獲法王路易十四、俄國沙皇等王公貴族；音樂家貝多芬、李斯特等名流雅士的喜愛，稱是「甜酒之王」也不為過。

　　貴腐酒的產製相當不易，需要完美的天時地利搭配。首先，葡萄必須在成熟後感染河谷匯流處特有的貴腐菌（Botrytis cinerea），透過菌絲吸取內部的養

分與水分，配合嚴苛的氣候環境（早晨陰冷潮溼、午後乾燥炎熱），才能使葡萄呈現風味極度濃縮、宛若葡萄乾的乾癟狀態。其次，在貴腐程度不一的情況下，貴腐葡萄需以人工分批收成，採集與釀造時間相形拉長。最後，由於貴腐葡萄的含水量極低，即使能夠幸運收成，也只能產出很少的酒量。

　　托卡伊釀造貴腐酒的歷史可追溯至 16 世紀，為世界最早的產區之一，2002 年以托卡伊葡萄酒產地歷史文化景觀（Tokaj-hegyaljai történelmi

布達佩斯中央市場貨色最齊全

borvidék kultúrtáj）名義登錄世界文化遺產。然而，
並非所有產自托卡伊的都是貴腐酒，大致可依照釀造
的貴腐葡萄含量與乾癟程度分作四個等級：乾葡萄酒
（dry wines，未被貴腐菌附著的正常葡萄）、晚收酒
（Late Harvest，乾癟程度輕微到中等的貴腐葡萄）、
類貴腐酒（Szamorodni，近乎乾癟的貴腐葡萄，葡萄
酒每公升含糖量 100 ～ 120 克）與貴腐酒（Aszú，手
工採摘、完全乾癟的貴腐葡萄）。不僅如此，貴腐酒
中又可再分為頂級的純貴腐酒（Aszú Eszencia）與含
量 3puttonyos、4puttonyos、5puttonyos、6puttonyos 的

混和貴腐酒，puttonyos 原為盛裝貴腐葡萄的容器，1 單位等於 24 公斤的貴腐葡
萄，3puttonyos 表示在 136 公升的乾葡萄酒中填入 3 單位（約 72 公斤）的貴腐
葡萄，以此類推，puttonyos 數字越多越甜、價格也越高。

　　純貴腐酒猶如極高濃度的葡萄蜜汁，糖分含量可達每公升 300 克（約是可樂
的 3 倍），釀造過程非常緩慢也最昂貴，而標有 puttonyos 含量的則是托卡伊貴
腐酒最常見的款式。貴腐酒的價位依年份好壞有所差異，臺灣進口的 500 毫升純
托卡伊貴腐酒動輒上萬、6puttonyos 亦有數千之譜，而匈牙利當地價格則約是臺
灣的三分之一甚至更低。口感方面，貴腐酒甜中帶酸、細緻潤滑，與口感濃厚的
鵝肝、藍紋乾酪和重油重辣的川菜、酸辣帶甜的泰國菜最為契合。

托卡伊葡萄酒產地歷史文化景觀

埃格爾的酒莊聚集地—美人谷

辣眞「匈」——
怎是一個辣字了得！

　　16 ～ 17 世紀由土耳其人引入的辣椒所製成
的紅椒粉（Hungarian paprika），因和當地人偏
好肉類料理的飲食習慣相契合，自 18 世紀起便開始大量運用，如今更成為匈牙
利料理的象徵⋯⋯舉凡沙拉、湯品、醃漬、燒烤、燉煮、沾醬皆可見到它的蹤
影，而傳統名菜匈牙利紅酒燉牛肉（Gulyás，或直譯古拉什，後面加上 leves 的
Gulyásleves 即為水分含量較多的牛肉湯）更是非紅椒粉不可！匈牙利紅椒粉以多
種辣椒與紅椒曬乾研磨而成，貌似鮮紅火辣，實際卻以偏甜的多層次風味著稱，
且隨著製作原料與工序的差異，而有不同的滋味與辛辣程度。整體而言，匈牙利
紅椒粉不僅為菜餚增添豐富濃郁的香氣，紅潤的色澤也具有提升食慾的效果。

　　匈牙利紅椒粉主要分為 8 個等級，包括：édesnemes（最常見類型，高甜度而
不辣、鮮紅色）、különleges（色澤最豔紅，滋味溫和、高品質）、csípősmentes
csemege（細膩溫和）、csemege（溫和微辣）、csípős csemege（甜辣各半）、
félédes（小辣）、rózsa（中辣）及 erős（大辣，顏色偏橙），特別的是，最豔紅
的並非最辣，反倒是橙色的才會讓人辣到！購買時，務必留意罐上標明的辣度，
一般除了匈牙利文也會印上英文，偏好辣味者請認明 Hot 字樣，而喜愛甜味的則

可選擇寫有
Sweet 的紅椒
粉，另外還
有含煙燻香
氣的 Smoked
版本。

辣椒商品多如牛毛

泡得「匈」──溫泉大國超享受

　　泡在「溫泉海」上的匈牙利，境內目前約有 500 個泉源、涵蓋全國七成面積，各位或許好奇，身為歐洲第一的溫泉大國，為什麼未曾聽說匈牙利有火山、地震一類「附贈」的自然災害？這是由於地熱的成因並非來自板塊運動的擠壓碰撞，而是其所在的潘諾尼亞平原地殼較薄、地熱梯度遠高於世界平均值（地熱增溫平均每往地心 1 公里上升 30℃、匈牙利為 50℃），加上地質演化過程中提供了有利條件，才導致「有地熱沒地震」的幸運結果。匈牙利的溫泉屬中低溫熱水型地熱資源（溫度介於 50℃～150℃），儘管不似高蒸氣型（溫度高於 150℃）可作地熱發電，卻能直接用於農業溫室、家庭供暖與溫泉觀光。不僅如此，部分溫泉因含有特殊且豐富的礦物質，是經研究證實具療效的天然藥浴（Balneológia），不少鄰國遊客甚至是為「泡養生溫泉」而專程造訪。

　　來到匈牙利，除了前往布達佩斯市內的聖盧卡奇（水質佳具療效著稱）、基拉伊（土耳其中東風格）、蓋勒特（古典華麗風格）與塞切尼浴場（歐洲最大），如果尚有餘裕，也不妨撥空造訪位於巴拉頓湖西側的黑維茲湖（歐洲最大溫泉湖），以及東北部密什科茲的洞窟溫泉（自然形成的洞穴浴場）、埃格爾的土耳其浴場（富有歷史的正統土耳其浴）等處，體驗當地獨特的泡湯文化。

塞切尼浴場

塞切尼浴場內的阿伯下西洋棋經典場面

「匈」愛豬——披著羊皮的國寶

　　來到嗜吃豬肉與豬油的匈牙利，當然不能錯過本地培育、擁有綿羊般捲毛的國寶級食材——曼加利察豬（Mangalica）。被暱稱為綿羊豬的曼加利察豬，和西班牙伊比利豬「種出同源」，是目前世界上唯一現存的長毛豬品種。曼加利察豬在自然環境下放牧成長，食物天然、身體強壯、免疫力高，冬天可承受零下 30℃低溫。為了防寒，曼加利察豬不僅外有濃密厚毛，內在脂肪含量也高達65% ～ 70%，雖是世上最肥豬肉之一，但不飽和脂肪酸比率卻較其他豬肉高，瘦肉的霜降花紋密度亦不遜於牛肉，肉質軟嫩且帶香氣。

　　豬農飼養曼加利察豬的初衷在於獲取豬油，但在豬油用量下滑與肥肉比例過

擁有一身捲毛的曼加利察豬

豬肉環肥燕瘦任君挑選

匈牙利人偏好食用豬肉

豬油一桶一桶賣

高（現代家豬品種的瘦肉量較符合大眾喜好）等不利條件下，曼加利察豬的數量急遽減少，甚至在 1990 年一度剩下不到 200 頭。為挽救瀕臨滅絕的危機，幾位匈牙利育種人展開計畫性的復育行動，在本國及鄰近的德、奧、瑞士擴大繁殖，匈牙利政府也訂定保護措施，目前全國有 250 家養殖場，每年約可產出 6 萬頭肉豬。近年，臺灣也可嘗到來自匈牙利的曼加利察豬肉，並以「豬肉界的神戶牛」為號召，不僅高級餐廳趨之若鶩，生肉亦十分「高貴」——每台斤台幣約 1,500 元左右（單片 200G 五花肉厚片近 600 元），造訪售價相對低廉且普遍的產地，自然要吃個過癮！

附帶一提，除了綿羊豬，匈牙利也是波利犬與可蒙犬（俗稱拖把狗）的發源地，牠們的主要特徵就是厚重且質地似粗麻繩的毛皮，最初是保護牲畜的牧羊犬，現則多為被豢養的家犬。儘管外型相仿，但兩者其實有相當的差異，波利犬體型小且顏色多（純白、純黑、深度不等的純灰），可蒙犬體型較大也只有白色。

不同調味的炸豬油塊　　　　　　　俗稱拖把狗的波利犬

「匈」鬱悶——悲觀是一種習性

「孩子們現在玩得多開心啊，不知道他們的未來該怎麼辦？」、「我的狗很老了，感情一片空白，父母年紀也大了，想到未來茫茫，不知該如何活下去？」以訪問遠嫁異國的日籍女性為主角的綜藝節目「世界の日本人妻は見た！」（日本太太好吃驚），每集總會強化幾個國民特色作為「吃驚」的焦點，介紹匈牙利時便圍繞著「特別愛吃肥肉與豬油」與「非常悲觀」兩大主題。節目中，日本太太的先生和好友總會在聊天時突然話鋒一轉，隨即陷入自製的陰沉悲傷裡。

匈牙利人的「悲觀主義」並非只是日本綜藝節目慣用的誇飾手法，而是經調查肯定、如假包換的真實情況。導致他們如此負面的原因，除了天性使然，也和千年來屢屢遭異族／他國統治壓迫、飽嘗戰火凌遲的坎坷宿命有關。根據調查，悲觀的情緒在社會各階層蔓延，約兩成人認為自己將會「一直生活在毫無希望的環境裡」，即使是樂觀的人也是將希望寄託於奇蹟而非具體的目標或發展。

匈牙利出身的鋼琴家兼作曲家萊索 · 塞萊什（Jávor László）於 1930 年代創作的「憂鬱的星期天」（Szomorú Vasárnap），堪稱匈牙利人負面情緒的極致代表作。這首被冠上「匈牙利自殺歌」封號的作品，靈感源於萊索失戀後的悲慟體悟，雖然只花費 30 分鐘便告完成，卻因過於負面而一度面臨無人發行的困局。

回顧歷史是匈牙利的常態

戰爭往事至今難忘

「憂鬱的星期天」面市後，旋律中的絕望感使聽者也陷入憂鬱深淵，甚至傳聞有數百人因此走上絕路！「人民歷盡地獄苦，災難深重誰能比，過去未來一切罪，已經贖到底。」不只流行音樂，匈牙利連國歌（原名讚美歌，Himnusz）歌詞也「沉重」莫名……如此不間斷地「我苦我苦我好苦」的范仲淹式洗腦，無怪會連年高居歐洲憂鬱排行榜前三甲。

在語言不通的情況下，短暫停留的旅客其實較難感受匈牙利人的悲觀個性與負面情緒，頂多是常看到他們皺眉，相形之下，急性子與低調沉默更令筆者印象深刻。急性子主要體現在乘車（早早上車等候與早早準備下車）、駕車（即使路況不佳依舊能衝則衝、很勉強也要跨至對向車道超車）與地鐵手扶梯速度飛快；低調沉默則是一種普遍的淡漠態度，除店員和旅館接待等服務業者，幾乎沒有「笑臉迎人」的習慣，如向鐵路售票員進一步詢問細節時，也可能面臨對方不耐煩的碎念與長嘆一聲後的臭臉（公務體系人員尤其明顯）。鑑於上述情況，如遇到對您特別熱情或主動接近的當地人，請務必提高警覺，因為這並非正規匈牙利人的常態！

INFO

線上聽——憂鬱的星期天

 youtube.com/watch?v=BOkUd4IZHE0

「匈」挖寶──二手舊貨淘不完

對於偏愛歐式舊貨與古董的朋友，匈牙利肯定是最棒的淘寶熱點！布達佩斯不僅有古董或二手店聚集的古物一條街──福爾克米克薩街（Falk Miksa u.），以及每逢假日開

張的大型跳蚤市場，更有日日營運、東歐最大的埃切利跳蚤市場（Ecseri Piac），店內／攤位商品包羅萬象，從保存良好的古董相機、桌椅家具、瓷器繪畫，到民生必需品的杯碗瓢盆與共黨時期文物，價位合理、種類豐富，不怕你不買，就怕扛不動！

布達假日寶藏場什麼都賣

埃切利跳蚤市場日日開放，挖寶挖不完

布達佩斯處處有淘不完的寶！

Hungary

Part 2

了然於「匈」
旅遊資訊一點通

作為旅客前往中東歐必訪的國家，匈牙利不僅有物價適中、氣候舒爽、風景優美、交通便利等優點，治安亦較西歐大城市好，當地人雖不盡然通曉英語，但多有問有答。出發前，不妨透過本書整理的實用旅遊資訊，對匈牙利有更進一步的認識。

匈國概況

匈牙利為歐洲中部內陸國，面積 9.3 萬平方公里（約臺灣 2.5 倍），與奧地利、斯洛伐克、烏克蘭、羅馬尼亞、塞爾維亞、克羅埃西亞及斯洛維尼亞接壤。國土以潘諾尼亞平原為主體，北部與斯洛伐克交界一帶可見山地、丘陵，多瑙河自國土中央貫穿，西部的巴拉頓湖與黑維茲湖則分別為歐洲最大的淡水湖和溫泉湖。匈牙利總人口數約一千萬，語言屬烏拉爾語系的匈牙利語，超過八成是馬札爾人，祖先為來自亞洲的游牧民族（一般認為源自突厥，亦有一說是匈奴），一些風俗文化也與東亞（中國、日本等）較為相近，例如：命名方式是「先姓後名」（與周圍的印歐語系相反）、輪廓髮色帶有東方特徵、烹調習慣（如料理的同時添加調味料）等。

匈牙利的國家體制，源於 895 年由阿爾帕德大公（Árpád）創立的阿爾帕德王朝。西元 1000 年，時任王朝大公的聖史蒂芬一世（I. István，或譯作聖伊什特萬一世）獲教宗加冕為首任匈牙利國王，開啟匈牙利王國時代。無奈，匈牙利國運多舛，數百年來波折不斷……13 世紀中，因蒙古第二次西征遭到嚴重破壞，復甦後又於 1526 年遭鄂圖曼土耳其帝國入侵，17 世紀末在奧地利哈布斯堡王朝擊敗鄂圖曼帝國的前提下，於雙方簽訂的條約中被割讓予奧地利。1848 年，匈牙利一度趁著民族之春革命浪潮恢復獨立地位，卻馬上遭奧地利、俄國扼殺，未幾被迫與奧地利組成奧匈帝國。

第一次世界大戰後，奧匈帝國戰敗解體，身為戰敗國一員的匈牙利被削去七成領土、人口縮減一半（1,826 萬降至 762 萬），並喪失唯一外港——里耶卡（現為克羅埃西亞領土）。第二次世界大戰，匈牙利加入以德國納粹為首的軸心國集團，戰後在蘇聯扶植下成立共黨專政的匈牙利人民共和國：1956 年 10 月，爆發反政府革命運動，隨即因蘇聯出兵鎮壓告終。1989 年，更名為匈牙利共和國，是共產東歐首個改採民主制度的國家，2004 年加入歐盟，2007 年成為申根公約會員國。

世界遺產

目前匈牙利境內共有 8 項世界遺產（7 項文化遺產十 1 項自然遺產），本書觸及的皆為文化遺產，包括：布達佩斯（1989 始，含多瑙河沿岸、布達城堡山、安德拉什大街和 M1 地鐵線）、霍洛克老村落及其周邊（1987）、潘諾恩哈爾姆千年修道院及其自然環境（1996）、霍爾托巴吉國家公園（1999）、佩奇早期基督徒墓地（2000）及托卡伊葡萄酒產地歷史文化景觀（2002）等 6 項。

布達城堡山

國會大廈

位於霍爾托巴吉國家公園內的世界遺產標誌碑

旅遊季節

　　匈牙利屬溫帶大陸型氣候，四季分明、日夜溫差大，不同地區也有相當差異，全年沒有明顯的乾溼季（夏季雨量略多），平均年雨量 600 公釐（約臺灣 ¼），較同緯度歐洲國家日照時間長。對旅客而言，春末夏初的 4～6 月氣候穩定、氣溫舒爽，是最適合造訪的季節；夏季 7、8 月為整年最熱時段，儘管日均高溫僅 24℃，但烈日當頭的正午亦可能衝至 35℃以上；秋季 9～11 月逐漸轉涼，首都布達佩斯日均高／低溫分別為 9 月 22℃／11℃、10 月 17℃／6℃、11 月 8℃／3℃；冬季 12～2 月白天氣溫多數仍在 0℃以上，夜晚則會低至 0℃以下，降雪機率高；初春 3 月溫度逐漸回升，均溫與 11 月相近。

文中所述為匈牙利氣溫的「平均」狀態，在近年極端氣候的影響下，亦曾出現冬季提早、10月氣溫陡降、5月高溫達 30℃ 等意外。打包行李前，請再次確認當地氣候狀況，秋冬出發者務必攜帶足夠的禦寒衣物與雪地出行的裝備。

日出日落＋公眾假期

匈牙利的夏季日落時間較臺灣晚、冬季白天較臺灣短，6、7月平均日照時間近 16 小時，晚間 9 點天色仍亮；反觀 12 月，傍晚 4 點便已日落，全天日照不滿 9 小時。由於季節差異明顯，導致各景點的開放時間、交通運輸的班次班距等，都會隨季節有所調整，部分甚至有冬季關閉／暫停營運的情形，規劃行程時請務必納入考量。

布達佩斯日出／日落時間

月份	日出	日落	平均日照
1 月	07:31	16:04	8.5 小時
2 月	07:09	16:45	9.5 小時
3 月	06:23	17:29	11 小時
4 月	06:22	19:14	12.9 小時
5 月	05:26	19:56	14.5 小時
6 月	04:50	20:33	15.7 小時
7 月	04:51	20:45	15.9 小時
8 月	05:22	20:18	14.9 小時
9 月	06:03	19:24	13.4 小時
10 月	06:43	18:23	11.7 小時
11 月	06:28	16:27	10 小時
12 月	07:11	15:55	8.7 小時

公眾假期

日期	節日名稱（匈牙利文）	中文譯意
01 月 01 日	Újév	新年
03 月 15 日	Nemzeti ünnep	國慶日（1848 年匈牙利革命）
03 月下旬或 04 月	Húsvétvasárnap	復活節（每年春分月圓後的第一個星期日）
03 月下旬或 04 月	Húsvéthétfő	復活節後的星期一
05 月 01 日	A munka ünnepe	國際勞動節
05 月中旬	Pünkösd	五旬節／聖神降臨節（復活節後第 50 天）
05 月中旬	Pünkösd hétfő	五旬節後的星期一
08 月 20 日	Szent István ünnepe	聖史蒂芬節／政權創立紀念日
10 月 23 日	Nemzeti ünnep	國慶日（1989 年共和國成立）
11 月 01 日	Mindenszentek	萬聖節
12 月 25 日	Karácsony	聖誕節
12 月 26 日	Karácsony másnapja	節禮日（聖誕節翌日）

註：復活節、五旬節的日期每年會有變動

貨幣匯率

　　匈牙利雖已是歐盟成員，唯現階段貨幣仍為「匈牙利福林」，縮寫為 Ft，硬幣有 5、10、20、50、100、200 共 8 種面值，紙幣則有 500、1,000、2,000、5,000、10,000、20,000 等 7 種。台幣與福林的匯率約為 1：8.5，即 1 台幣可兌換 8.5 福林，臺灣無法直接購買，需持美元（1:255）或歐元（1:310）至當地兌換。由於福林的最小單位是 5Ft，因此找零都是以 5 進位（例如：結帳金額為 843Ft，則自動變為 845Ft），不足之處會自動捨棄或進位。

　　匈牙利各城市皆可見換匯專門店（Exchange），有的收手續費但匯率划算、有的免手續費但匯率稍差，儘管機場、火車站內都可換匯，但匯率完全禁不起考驗（差距可達 2 成），對初來乍到的遊客，難免有欺生的嫌疑。相形之下，布達佩斯城內的購物街（如：Váci Road）因換匯處林立、競爭激烈而有利於消費者，若無暇精算優劣，排隊人潮就是最好的指標。一般而言，匯率不錯的店家有 Gold Change（黃色招牌）、IBUSZ 等。

　　如無法在臺灣取得福林（背包客棧常見有人轉讓未用完的福林），可在抵達匈牙利後，先於機場或車站換取足夠買車票的最低金額，待入市區再兌換日常使用的現金。匈牙利的購物區、觀光景點都設有換匯專門店，加上福林僅流通於匈牙利一國，不妨逐筆逐筆兌換，盡可能以全數用畢為目標。此外，換幣時務必與

紐約咖啡館斜對面的 Gold Change

黑維茲市內的換錢小屋

櫃檯確認手續費（採取定額制或比例制）及總金額（將試算單閱讀清楚），鈔票面額以 10,000Ft 以下為主（大額紙鈔較難花用），無誤再交付現金、完成交易，切莫與街上搭訕的換匯者交易，以免遭遇假鈔等詐騙情事。

`INFO` ···

新台幣兌換福林近 30 日匯率走勢

🔲 tw.exchange-rates.org/history/HUF/TWD/G/30

Gold Change

🏠 1073 Budapest, Erzsébet krt. 8（紐約咖啡館斜對面）
📞 +36 30 742 2508
🕐 09:00 ～ 19:00（周一休）
🚇 Blaha Lujza tér 地鐵站（M2）以北 150 公尺；
　 Blaha Lujza tér M 電車站（4、6）以北 150 公尺
🌐 goldchange.hu

海關檢查

　　持中華民國護照可享免簽證入境歐盟國家（最長停留時間為 180 天內不能超過 90 日），入境時，移民官多直接蓋章放行，有的則會簡單詢問旅遊計畫，如還有疑慮，則可能進一步要求提供旅館訂房紀錄、回程機票、足夠維持歐遊期間的生活費、申根醫療保險投保證明等文件。如缺少相關佐證資料，也有被遣返的可能。

　　文中提到的申根醫療保險雖非入境必備，但因歐洲醫療昂貴，旅歐期間最好投保。臺灣不少保險公司都有提供相關保險組合，保費視旅遊時間長短而有差異，一般約在台幣二至四千元間。完整的申根醫療保險會提供保險人在當地的緊急醫療救護、醫院治療與遣送回國等服務，保單上會註明該公司在申根區的 24 小時緊急聯絡電話，請務必隨身攜帶。

為免溝通誤差，請備妥以下文件供海關查驗：

1 中華民國護照（預計離開申根國當日仍有 3 個月以上效期）

② 旅館訂房確認紀錄（英文）

③ 回程機票

④ 足夠維持歐遊期間的生活費（現金、信用卡），可以一日€ 50 估計

⑤ 申根醫療保險投保證明（英文）

⑥ 旅行計畫表（英文）

住宿要點

匈牙利的住宿以公寓式旅館（Apartment）佔比最高，相較一般正規旅館，不僅具有房價低（雙人房 15,000Ft 起）、選擇多等優勢，不少還附有小廚房、客廳、洗衣機、烤箱等居家空間與家電用品，讓住客有家的感覺。需留意的是，由於公寓式旅館並無 24 小時前檯服務，入住前須先與房東約定抵達時間，前往指定地點拿取鑰匙，如需深夜入住或凌晨退房的也得提前溝通。

出租公寓較貼近當地人生活

為免誤踩地雷，預訂旅館時請把握以下 3 項要點：靠近市中心或主要景點、交通便捷（步行 5 ～ 10 分內可達地鐵站）、治安良好（避免狹小巷弄與網友間口耳相傳的危險區域），其餘像有衛浴設備、網路速度、是否有電熱水壺、冰箱、廚房等，也需仔細確認。此外，訂房網站累積的住客評論也是重要的參考指標，諸如：隔音、排水、空調、

含客廳、廚房、爐台與洗衣機等設備的住宿環境便利許多

交通、服務態度、早餐內容等皆有著墨。以筆者慣用的 Booking.com 為例，可先將篩選條件輸入（預算、地點、評分等），再從中選出最合適的一間。就地點而言，布達佩斯最推薦地鐵 2 號線行經的佩斯市區一帶（如：Kossuth Lajos tér、Deák Ferenc tér、Astoria 地鐵站周邊），而其他城鎮同樣以市中心為優。

據筆者的經驗，匈牙利的旅館多會提供毛巾、沐浴及洗髮乳一類簡單備品，但基本上不包括牙刷、牙膏、洗面乳、梳子等。另外，一些旅館是使用儲熱式電能熱水器（即浴室內放置一座儲存熱水的中型鐵桶），顧名思義，是預先將水加熱後儲存於桶內，使用者可透過熱水器指針得知桶內儲水的溫度現況。這類熱水器的優點是「即開即熱」（開頭甚至會燙），缺點則為「越洗越沒那麼熱」與「一旦耗盡就需耗費數小時重新加熱」，為免面臨無熱水可用的窘境，建議第一位洗澡者稍微節制用量，若非必要，洗手台也少使用熱水。

鄰國交通

匈牙利與鄰國有火車相連，巴士網絡亦相當發達，非冬季期間還有行駛於多瑙河的跨國船班（維也納 ↔ 布拉提斯拉瓦 ↔ 布達佩斯），穿梭其間相當便捷。布達佩斯與維也納（奧地利）、布拉提斯拉瓦（斯洛伐克）的火車班次較為密集，直達車需時 2.7 小時～ 3 小時；而前往較遠的布拉格（捷克）、薩格勒布（克羅埃西亞）、貝爾格勒（塞爾維亞）則車程分別為 6.5 小時、5.5 小時～ 6 小時、8 小時～ 8.5 小時。需留意的是，如為開往非歐盟國（如：克羅埃西亞）的長途巴士，會在邊境檢查時進行至少半小時起跳（旺季假日甚至可達數小時）的出入境手續，採取車進車出的模式，兩國海關會將全車人護照收去後一併蓋章，再交由司機統一唱名發還。

租車自駕

自駕可謂暢遊匈牙利最省時省力的選擇，隨心所欲、隨走隨停，尤其適用於巴拉頓湖、霍洛克、霍爾托巴吉國家公園等大眾運輸班次不密集的景點。匈牙利和臺灣一樣為左駕，整體路況不錯，高速公路順暢好行，唯普通道路常見凹凸坑洞或破損。整體而言，只需出發前到國內監理站辦妥國際駕照，並確實遵守當地交通法規與行車規範，就能輕鬆享受自駕樂趣。

如確定行程，可先在臺灣以網路預訂 Europcar、Hertz、Avis 等國際公司的車輛，雖然收費比當地業者高，卻有「服務據點遍布」、「故障馬上處理」、「預先挑選車款」、「A 地借、B 地還」等優勢。匈牙利各城市都有租車門市，部分營運時間較短（只到 16:30），部分周六、日與假日公休，取、還車前務必確認。至於有「跨國需求」的旅客，租車前務必向業者清楚說明「會開往哪些國家」，對方除會酌收一筆跨國費用，也會準備「可跨境」的車輛，唯異國還車服務費很高，請盡量在同國／同地點租還車。

歐洲車以手排檔（manual transmission）佔絕大多數，自動排檔（automatic transmission）不只少見更高貴，兩者價差在一倍以上。手排車雖選擇多又便宜，但對於平日開慣自排車的駕駛而言，確實需要時間適應。因此，除非相當熟練手排車操作或出發前充分練習，建議還是多花點錢「自動」消災。最後，在陌生環境駕車，完善的保險肯定是最佳保障，如有一人以上駕車，也務必標註於保單上，以免在事故發生時因駕駛非被保險人而無法獲得理賠。價格方面，以筆者在匈牙利境內租賃 Europcar 的自動排檔轎車 5 日為例，未跨境、含全險、境內異地還車，費用約為台幣 18,000 元。

匈牙利停車費採預先購買制

匈牙利自駕注意事項

1. 速限：市區道路速限每小時 50 公里、高速公路（M 開頭）可達每小時 130 公里，其餘公路則視當下交通標誌行駛。

2. 導航：除向租車公司租賃導航設備，「Google Map」app 也是很棒的選擇。

3. 加油：匈牙利的油價較臺灣略高，各站油價也有差異，基本上市區較市郊貴、高速公路旁休息站的油價最高，營業時間多為 06:00 ～ 22:00，少數提供 24 小時服務。加油站既有人工也有自助加油，後者在加好油後自行至站內商店收銀台告知加油機號碼付款即可。如不確定該加哪種油，一般油箱蓋上都會寫明，亦可請加油站員工協助確認。

自助加油操作簡單

4. 收費：匈牙利的高速公路採取 E-matrica 的車牌辨識電子收費系統，收費標準是以天數而非里程計算，通行票時效從 10 天到 1 個月。駕駛人進入需付費公路前，得先在加油站購買 Vignette（小型車 10 日通行票 2,975Ft），

油箱蓋上多會寫明加油種類

結帳時需告知店員車牌號碼，對方就會將車號輸入系統，購買收據只須妥善保管，不用放在擋風玻璃前。快進入高速公路時，會看到提醒購買通行票的標誌，跨國者可在邊界前最後一個或過關後第一個加油站購買，不用擔心錯過遭罰。此外，在匈牙利租賃的車子都會附有匈牙利的 Vignette（同理在奧地利租進的車子也會附上奧地利的 Vignette），過路費已涵蓋在租車費中，不須另外購買，唯開往他國時，需另外購買該國的 Vignette。

5. 超車：高速公路內側為超車道，不得無故佔用。

6. 停車：布達佩斯市內各區均有停車場，停放時間按顏色區分（綠色區域 1 小時、黃色 2 小時、藍色 4 小時），收費時間多為平日 08:00 ～ 18:00、周六 08:00 ～ 12:00、周日免費。匈牙利的路邊停車格或停車場費用，均需自行至鄰近的收費機繳費預購：

將硬幣投入機器即會顯示可停放的時間（機器僅收硬幣且無設置兌幣機，消費時請多收集 200Ft、100Ft 的硬幣備用），按確認鍵便可取得單據，再將其置於擋風玻璃前，違規停車可能面臨罰款及上輪鎖或拖吊的情形。

7. 事故：聯絡租車公司並等待警察前來處理，不可直接離開現場（救護電話 112）。

8. 規範：行駛圓環時，外側車需禮讓內側車。行經未設置紅綠燈而有斑馬線的路口，如遇行人穿越（即使只是作勢要過馬路）都必須停車禮讓。所有乘客皆需繫上安全帶，未滿 12 歲或不足 150 公分者不能坐前排。氣溫 10℃以下，所有車輛需使用雪胎。

> **INFO** ....
>
> **國際駕照**
>
> 🔍 本人持「身分證正本」（驗畢交還）、「駕照正本」（驗畢交還）、「護照」（查核英文姓名、影本亦可）、「2 吋大頭照兩張」（6 個月內近照）與規費 250 元即可辦理。國際駕照效期 3 年，國外租車時，需與臺灣駕照一併出示，否則將無法使用。

時差

匈牙利（GMT+1）與臺灣（GMT+8）時差 7 小時，即臺灣時間 2 月 28 日凌晨 4 點、匈牙利則為 2 月 27 日晚間 9 點。匈牙利於 3 月最後一個周日至 10 月最後一個周日實施「夏令時間」（GMT+2），時間調快 1 小時，與臺灣時差縮減為 6 小時，即臺灣時間 6 月 12 日凌晨 4 點、匈牙利則為 6 月 11 日晚間 10 點。

電壓插座

電壓 220V、圓頭雙孔凹型插座，如在當地使用自備電器用品，需使用轉接插頭與變壓器。要額外提醒的是，由於匈牙利的插座呈現圓形凹洞狀（可類推至克羅埃西亞、奧地利等國），轉接插頭的「頭太大」（塞不進圓形凹洞內）或「插頭腳不夠長」（頭卡住導致腳碰不到插座）就會無法使用，筆者經驗是市面上的

長方形萬用轉接插頭基本過關（插頭腳勉強夠長），準備轉接插頭時請務必納入考量。

部分火車內有設置插座　插座呈圓形凹洞狀

小費＋廁所指南

匈牙利和歐洲其他國家類似，有給小費的習慣。總體來說，計程車是以車資的 10%（或不收找零）為小費，飯店服務生幫忙可給 200Ft ～ 300Ft 或 € 1，餐廳或咖啡館則是餐費的 10% ～ 15%（或小額找零亦可）。當然，小費是一種不成文的人際互動，數字高低、給與不給可視當下的感受調整。

廁所收費在 150Ft ～ 250Ft 間

匈牙利的公共廁所多需收費，按所在地點不同介於 50Ft ～ 250Ft 間，景區內多有免費廁所。無論收費與否，洗手間大都環境整潔並備有衛生紙。女廁的匈牙利文為 Nök 或 Nöi、男廁是 Férfiak 或 Férfi。另外，如無消費而向速食店、餐館借用廁所，也可能被收取 150Ft 左右的清潔費。

安全提示

匈牙利整體治安佳，人民溫和內斂，唯近年針對觀光客的扒竊、行搶等犯罪行為有增加的趨勢，外型明顯不同的黃種人更易成為目標。搭乘大眾運輸時，務必將背包置於胸前，護照、信用卡等收於貼身暗袋內（可選購以 RFID 屏蔽布料

製造、具防側錄功能的斜背式防盜包），錢包、手機一類經常使用的物品則盡量塞到隨身包的最深處，上方再以外套、塑膠袋等遮蔽。

扒手多會成群結隊作案，一組吸引被害者注意（攀談或問路、故意吵架衝突、詢問是否會講英文、對你講奇怪的中文、不小心潑灑飲料、忽然高聲吆喝等），另一組負責下手，他們有時也會將被害者團團圍住，假擠人真偷竊，得手後再若無其事散開。特別的是，這些扒手往往長得不像「印象中的扒手」，打扮摩登的時髦美眉、穿著西裝的上班族型男……雖不用杯弓蛇影，但畢竟防人之心不可無。儘管竊盜手法不斷推陳出新，但基本核心都不脫「聲東擊西」與「趁其不備」兩大原則，因此「時時提高警覺」就是全身而退的不二法門。

根據駐匈牙利台北代表處的整理，當地最常發生的案例包括：假兌幣真詐財（以高匯率誘惑，實際換給假鈔）、假警察真行搶（謊稱旅客有犯罪嫌疑而強迫搜身，實際勒索或搶劫）、假促銷真黑店（俊男美女搭訕攬客的宰人餐館或酒吧）等。實際上，匈牙利的警察都會穿著正式制服，不會無故在街上隨機臨檢，遭到糾纏時，請無視並快步往熱鬧處移動。如遇護照遺失、臨時急難等狀況，可與駐匈牙利台北代表處聯絡，代表處位於布達佩斯市中心，Astoria 地鐵站、菸草街會館旁，其轄區除匈牙利全境，也兼理塞爾維亞、科索沃、蒙特內哥羅（黑山）、波士尼亞赫塞哥維納。

INFO

駐匈牙利台北代表處（Taipei Representative Office, Budapest, Hungary）

🏠 Budapest, em, Hungary, Rákóczi út 1-3, 1088
📞 +36 1 266 2884
🕐 周一至周四 09:30 ～ 12:00、14:30 ～ 16:00；周五 09:00 ～ 12:00
🚇 Astoria 地鐵站（M2）即達
✉ hng@mofa.gov.tw
📞 專線電話 +36 30 964 1546、匈牙利境內直撥 0630 964 1546，專供車禍、搶劫被捕等緊急救助用途，非重大事件請勿撥打；護照、簽證事項請於上班時間以辦公室電話聯繫
🌐 roc-taiwan.org/hu

飲用水及飲料

匈牙利的自來水不能生飲，需煮沸或購買包裝水，後者再分為氣泡式礦泉水（Szénsavas）與非氣泡式礦泉水（Szénsavmentes）。當地人偏好氣泡水及各種飲料，超商內不乏各種品項，一般而言，大瓶比小罐划算、有氣泡比無氣泡純水選擇多，一些超市自有品牌的大瓶裝 2L 汽水甚至僅售 59Ft，換算台幣 10

元有找！除了水、碳酸飲料與酒，筆者特別推薦一款名為「Cappy」的果汁，該品牌選擇多元，其中以色澤偏橘紅、質感較濃稠的桃子（őszibarack）口味最佳，冰鎮過後美味更加倍！

和捷克的卡羅維瓦利（Karlovy Vary）溫泉相仿，匈牙利超過百處具療效的溫泉也可供人飲用，部分還以醫療礦泉水的方式對外販售，消費者可在溫泉場所、藥局或超市購買到這類商品。

餐點提示

匈牙利的餐廳餐點份量大、調味重，1 杯飲料、1 碗湯、1 盤沙拉、1 份主餐、1 塊蛋糕的量往往是臺灣的 1.5 甚至 2 倍（只有咖啡相對小杯），有些傳統炸物

肉量爆表的匈牙利傳統料理（兩人份）

採自助餐形式的中餐館

料理更是「堆到像一座小山」，上桌時不僅外國人驚呼連連，即使是司空見慣的當地人也早有「打包帶走」的覺悟。如 2 人以上同行，建議可先點 1 份共享，如有餘裕再行加購。

食物最雷莫過麵包

走在匈牙利街頭，最常見的路邊小吃就是直譯為卡巴（Kebab）的土耳其旋轉烤肉，它和臺灣常見的沙威瑪有幾分相似，但滋味豐富多層，口感亦更溼潤。當地的卡巴有阿拉伯麵包或墨西哥薄餅兩種選擇，點餐後，老闆會先將麵包／薄餅加熱，再以電動剃刀割下色澤焦黃的旋轉烤肉（大型攤位可選擇牛羊或雞肉，小攤則只有一種選擇），之後反覆塞入烤肉、生菜、番茄、洋蔥等配料，並淋上帶有酸味的微辣優格特調醬汁。匈牙利的卡巴尺寸大而味美，售價約在台幣 60 元左右，是在外奔走時填飽肚子的最佳選擇。

人在國外，難免思念家鄉味，匈牙利大城小鎮皆可見掛著中文招牌的中餐館。特別的是，這些餐館清一色走 Büfé（自助餐）路線，檯面放著以雞肉為主的數道料理與炒麵、炒飯兩種主食，當地最常見的組合為 1 ～ 2 種菜搭配麵或飯，收費約 1,000Ft（台幣 120 元）。配合匈牙利人的胃口，中菜同樣有大份量與偏鹹的情形，而最受老外喜愛的中菜——糖醋里肌，則清一色是裹著厚厚麵衣的長型炸麵球，口感微脆帶韌，甜度不遜蜜地瓜。

最後，吃在匈牙利，筆者認為最雷的莫過麵包！舉凡漢堡外皮、超市吐司和法棍到餐館的佐餐麵包，質地多偏鬆散乾柴且無彈性，幾乎每吃必搖頭（終於明白為什麼匈牙利人總要抹那麼多豬油或奶油，因為實在太乾了！），至於專業麵包店的產品與熱騰騰的卡包麵包，頂多也只是中等水平……各位愛「歐包」的朋友，匈牙利肯定會讓您有吃鱉的感覺！

退稅手續

和其他歐洲國家相仿，匈牙利主要也是由「Premier Tax Free」與「Global Blue」兩間公司處理退稅事宜，商家門口放有上述任一標誌，即表示提供退稅服務。匈牙利的退稅基準為同日同店消費滿 55,001Ft（約€ 175），旅客需自購物日起 90 天內填寫免稅申請表，並於離開最後一個歐盟國時向海關提出退稅申請。需提醒的是，在不使用歐元的國家辦理退稅較不划算，以匈牙利為例，退稅金額會從歐元換成福林、再由福林換回歐元，一來一往至少縮水 10%。

一般而言，臺灣旅客離開匈牙利後，都會到其他歐盟國家轉機回台（如：奧地利、德國、荷蘭等），按照「離開最後一個歐盟國時向海關提出退稅申請」的原則，旅客得於轉機國而非匈牙利申請退稅。不過，若轉機時間太短或退稅物品需拖運，也可向匈牙利海關說明情況，請求協助提前辦理。

`INFO` ···

Premier Tax Free —— 如何在匈牙利免稅購物

[0] premiertaxfree.cn/ru-he-zai-xiong-ya-li-mian-shui-gou-wu

Global Blue —— 匈牙利購物退稅

[0] globalblue.cn/tax-free-shopping/hungary/hungary1

「食」指匈文

匈牙利語又稱馬札爾語，屬烏拉爾語系、芬蘭 - 烏戈爾語族的烏戈爾語支，不僅和周邊的印歐語系毫無關聯，發音語法更獨樹一格。對觀光客而言，英語多能應付各種情況，如遇溝通有礙，也可靠比手畫腳、寫小紙條（這招最好用）與 Google 翻譯輔助解決。儘管不會匈牙利文也能搞定旅途諸事，但如對一些標示

蘭戈斯 = 炸蔥油餅 + 披薩

匈牙利式自助餐

文字稍有概念，也能省去一些小麻煩，常見的包括：Nyitva（營業中）、Zárva（店休）、Bejárat（入口）、Kijárat（出口）、Nő（女士）、Fé（男士）等。此外，匈牙利人的阿拉伯數字寫法與我們熟知的略有不同，乍看會有些不適應，最明顯的就是 4，當地人通常以一筆寫成，看來像橫倒的 S。

來到匈牙利，當然不能錯過幾道最具代表性的料理和小吃，雖不一定會念，但至少知道它的寫法，點餐時便可一指輕鬆搞定！

中文	匈文	簡介
牛肉湯	Gulyás	音譯「古拉什」，最具代表性的匈牙利料理，將牛肉、蔬菜與大量紅椒粉燉煮的濃湯（也有加麵版），看似厚重、實際爽口
漁夫湯	Halászlé	與牛肉湯齊名的湯料理，將鯉魚（或其他河魚）切塊與蔬菜（紅洋蔥、青椒、番茄）、紅椒粉燉煮，辣味較牛肉湯明顯
紅椒雞	Paprikás csirke	將雞腿以紅椒粉醃漬後，與洋蔥、番茄、青椒、紅椒粉等調味料燉煮，再加入麵粉攪拌酸奶油煮沸即可
甘藍菜肉捲	Töltött káposzta	匈牙利家庭最常食用的菜式之一，將豬絞肉和米包在甘藍菜中與酸菜高湯熬煮，過程中也可加入酸奶油
蘭戈斯	Lángos	源自匈牙利的路邊小吃，在發麵炸餅上塗抹各種醬料，基本款是香蒜奶油撒起司絲，也有加上果醬的甜版本，可說是將炸蔥油餅與披薩二合一的產物

行程規劃

　　匈牙利地處歐陸中央，無論前往中歐（奧地利、捷克、德國）或東歐（克羅埃西亞等巴爾幹半島國家），都會將她一併列入旅行計畫。若僅停留 3 ～ 5 日，可以布達佩斯及其附近小鎮（聖安德烈、埃斯泰爾戈姆）為主，希望多跑多看的話，還

能穿插一趟 2 天 1 夜的行程；如有 7 日甚至更長的時間，則可依照個人喜好走訪散布在匈牙利境內的世界文化遺產和溫泉酒鄉。交通工具方面，自駕靈活自主但費用較高（自排車尤其明顯），大眾運輸則需遷就班次和站點。

　　如以大眾運輸為主要移動方式，基於匈牙利交通網「首都向外放射」的原則，可以布達佩斯為中心，在不攜帶大件行李的前提下，進行單日往返或 2 天 1 夜的小旅行。以下是停留 5 日的建議行程，遊客可在此基礎上打造適合的專屬路線。

布達佩斯深度 5 日

第1日	第2日	第3日	第4日	第5日
抵達布達佩斯 + 佩斯市區觀光	佩斯→布達：古布達 + 城堡山 + 蓋勒特山	佩斯：塞切尼浴場 + 安德拉什大街 + 多瑙河夜景	布達佩斯→埃格爾 or 焦爾→布達佩斯	布達佩斯→聖安德烈→布達佩斯

匈牙利精選 5 日

第1日	第2日	第3日	第4日	第5日
抵達布達佩斯 + 多瑙河兩岸精華區觀光	布達佩斯→聖安德烈 or 埃斯泰爾戈姆→布達佩斯體驗任一浴場	布達佩斯→霍洛克→布達佩斯	布達佩斯→托卡伊→密什科茲	密什科茲→埃格爾→布達佩斯

匈牙利超值 5 日

第1日	第2日	第3日	第4日	第5日
抵達布達佩斯 + 多瑙河兩岸精華區觀光	布達佩斯→巴拉頓湖（希歐福克蒂豪尼）→布達佩斯	布達佩斯→托卡伊→密什科茲	密什科茲→埃格爾→布達佩斯體驗任一浴場	布達佩斯→聖安德烈→埃斯泰爾戈姆→布達佩斯

Part 3

饗樂「匈」中
布達佩斯全攻略

　　布達佩斯顧名思義由分居右、左兩岸的布達和佩斯組成，是匈牙利的首都與全國的政經及運輸中心，現有約 170 萬居民，為歐盟第 7 大城市，幾乎所有造訪中東歐的旅客，都不會錯過這座被多瑙河貫穿的美麗城市。儘管布達佩斯經常只是國人歐遊的一個中繼站，但只要來過這裡的旅人，肯定會為她精雕細琢的歐式建築、日夜變換的多元風貌與舒適愜意的城市氛圍所傾倒。

布達佩斯

聯外交通

　　布達佩斯是匈牙利最重要的交通匯聚與放射點，無論抵達或前往鄰近國家或國內城市，都是以此為中心。基於時間、票價、便利等綜合考量，跨境長途可以飛機、火車為主，中短程則以巴士優先；境內可視情況選乘巴士或火車。

飛機

臺灣出發的必轉之路

　　布達佩斯李斯特・費倫茨國際機場（代碼 BUD，全名 Budapest Liszt Ferenc Nemzetközi Repülőtér）位於布達佩斯市區東南 19 公里處，是匈牙利主要的對外航空門戶。目前臺灣無班機直飛匈牙利，前往當地至少需轉機 1～2 次，或可先直飛至鄰近的維也納（航程約 13 小時），再乘跨境火車（車程約 3 小時）前往。

　　機場與市區目前無地鐵連接，旅客日間可搭乘機場巴士 100E，全程 35 分～40 分，終點站為佩斯中心的 Deák Ferenc tér M 巴士站，一旁的同名地鐵站為 M1、M2、M3 交匯的核心轉運站；夜間則須乘坐深宵巴士 900，至 Besence utca 巴士站轉乘 914 即可進入市中心，全程需 1 小時左右。除了大眾運輸，也有一種

介於大巴與計程車間的迷你小巴（Repülőtér minibusz），一般 4 人以上就發車、送往市區任一地點，車程 30 分起跳，可透過網路事先預訂，票價一位 1,900Ft 起。如人數夠多，不妨選擇直接搭計程車入市區，行情價在 7,000～8,000Ft 之間。

INFO ···

miniBud 迷你小巴公司

🏠 T2 Terminál 2A és 2B érkezési szint（機場 T2 航廈抵達層 2A、2B）
📞 +36 1 550 0000
💻 minibud.hu
🔍 提供布達佩斯機場與市中心接送、銷售布達佩斯卡、市內客製化觀光等服務

火車

首都放射通歐陸

　　匈牙利國鐵（Magyar Államvasutak，簡稱 MÁV）負責匈牙利境內外的
鐵路運輸工作，路線以首都為中心向外放射延伸，班次準點率高，唯偶爾會
有突發故障或停駛的狀況。布達佩斯市內共有 4 座車站，按照繁忙程度依序
為：火車東站（Keleti Pályaudvar ／ Budapest-Keleti）、火車西站（Nyugati
Pályaudvar ／ Budapest-Nyugati）、火車南站（Déli Pályaudvar ／ Budapest-Déli）
及凱爾倫火車站（Kelenföld Pályaudvar ／ Budapest-Kelenföld），每座車站均與
地下鐵相連。

火車西站

火車東站

火車東站為匈牙利主要的國際與城際車站，是往返維也納、布拉格、薩格勒布、索菲亞、柏林、慕尼黑、華沙等歐洲城市車班的終點站。火車西站的站體由法國建築師居斯塔夫・艾菲爾（Alexandre Gustave Eiffel）設計建造，同樣有國際與城際車班。火車南站主要是發往匈牙利南部城市的國內列車，如：塞克什白堡（Székesfehérvár，巴拉頓湖北側城市）、巴拉頓湖一帶、佩奇等；位於布達南側、第11區的凱爾倫火車站，車班以開往匈牙利西部、巴拉頓湖周圍城鎮為主，往返維也納、薩格勒布、盧布爾雅那、威尼斯等國際列車也會行經。

INFO ....

火車東站

🏠 Budapest, Kerepesi út 2-4., 1087
🕐 03:45 ～ 00:55
🚇 Keleti Pályaudvar 地鐵站（M2M4）、Keleti pályaudvar M 電車站（24）即達

火車西站

🏠 Budapest, Teréz krt. 55, 1062
🕐 02:30 ～ 00:50
🚇 Nyugati Pályaudvar 地鐵站（M3）、Nyugati pályaudvar M 電車站（4、6）即達

火車南站

🏠 Budapest, Krisztina krt. 37/a, 1013
🕐 03:00 ～ 00:30
🚇 Déli Pályaudvar 地鐵站（M2）、Déli Pályaudvar M 電車站（17、59、61）即達

凱爾倫火車站

🏠 Budapest, Etele tér 5-7., 1115
🕐 00:30 ～ 04:30
🚇 Kelenföld vasútállomás 地鐵站（M4）、Kelenföld vasútállomás M 電車站（19、49）即達

MÁV 的線上購票系統清晰易懂，輸入出發（Honnan ／ Departure）、目的（Hova ／ Arrival）、點選乘車日期，即顯示當天所有班次，網站可預訂當日起90天內的車票。需注意的是，時刻表上的轉乘（Átszállás ／ Chg.）項目，如該欄位為「空白」即直達班次；欄位內有「數字」則表示需換車的次數，點擊時刻表第1欄的詳情（Részletek ／ Details）「▶」符號，就會顯示該路線的轉乘車站、時間、班次等完整資訊。

使用 MÁV 線上購票服務前，需先以 E-mail 註冊帳號，目前官網已開啟「E-train-ticket」服務，即乘客可直接取得車票的 PDF 檔案（不用到車站領取實體票），並直接憑此搭乘火車，完整流程如下：刷卡訂票成功→下載車票PDF（同時收到確認信）→將 PDF 儲存於行動裝置（手機、平板、電腦）或以純白 A4 列印紙本（尺寸勿縮小、QR code 務必清晰）→車掌驗票時以行動裝置出示車票 QR code 或自行列印的 A4 紙本。購票時，除確認搭乘班次無誤，也需填妥每位乘車人的姓名（與護照相同）和出生年月日，上述資訊都將顯示於 PDF 車票上，車掌可能會要求乘客提供護照比對身分。「E-train-ticket」票券不只省時省事（提早訂票、免現場取票），還可享最高 9 折的票價優惠與線上退票等服務。

就筆者實際搭乘經驗，無論使用 PDF 紙本票或手機 QR code 乘車都十分順利，唯一要注意的是，部分班次因標示「R」（指定席）字樣，還須另外出示「座位預訂票」（匈牙利文 Helyjegy、英文 Seat Reservation），其餘無「R」字樣的班次則不需要。車掌解釋，對「R」班次而言，車票僅是允許上車，乘客必須有座位預訂票才能有位子坐，類似車票與指定席座位分開賣的概念。一般而言，購買「R」班次時就會一併附加「座位預訂票」（票面就會顯示座位號碼），但偶爾也會有沒有一併選購的情形（車掌對此表示：她也想不通？）。如遇乘坐「R」車次卻無座位預訂票的情況，

火車站人工售票櫃台

建議先在站內自動售票機或人工售票口購買，雖然也可於車上補票，但會面臨剛上車時無位可坐的窘況。「座位預訂票」價位在 150Ft 至千餘元之間，距離越遠費用越高。

自行列印 PDF 版火車票

INFO ·······························

MÁV

📱 mavcsoport.hu
📲 +36 1 3 49 49 49
🔍 提供時刻表、票價、線上購票等

巴士

國內中短程首選

布達佩斯市內有 4 座巴士總站，各肩負不同任務：地處佩斯西南的人民公園巴士總站（Népliget autóbusz-pályaudvar），以停靠國際線與國內西部班次為主；佩斯西側的體育場巴士總站（Stadion autóbusz-pályaudvar），主要是往返匈牙利東部城市的班次；同樣在佩斯北側、毗鄰多瑙河的阿爾帕德橋巴士站（Árpád híd autóbusz-állomás）與尤佩斯特-城市巴士站（Újpest-Városkapu autóbusz-állomás），則以開往多瑙河北部沿岸地區的班次為主。各站的售票時間為平日 06:00 ～ 18:00、周六與周日提早至 16:00，行李寄存櫃每 24 小時收費 400Ft 起。

尤佩斯特-城市巴士站

阿爾帕德橋巴士總站

INFO

人民公園巴士總站

🏠 Budapest, Üllői út 131, 1091

🚇 Népliget 地鐵站（M3）、Népliget M 電車站（1、17、41、56）即達

體育場巴士總站

🏠 Budapest, Hungária krt. 48-52, 1046

🚇 Puskás Ferenc Stadion 地鐵站（M2）、
Puskás Ferenc Stadion M 電車站（1、17、41、56）即達

阿爾帕德橋巴士站

🏠 Budapest, Árboc utca 1-3., 1133

🚇 Árpád híd 地鐵站（M3）、Árpád híd M 電車站（1、17、41）即達

尤佩斯特——城市巴士站

🏠 Budapest, Balzsam utca 1., 1138

🚇 Újpest-Városkapu 地鐵站（M3）、Újpest-Városkapu M 公車站（122）即達

　　1927 年創立的烏蘭巴士（Volánbusz），是匈牙利國內最大的運輸公司，經營國際與城際路線，不僅有定期車班（與 Flixbus 聯營）駛往奧地利、德國、捷克、波蘭、克羅埃西亞、黑山、瑞士、義大利等歐洲國家，亦是連結匈牙利全國大小城鎮不可或缺的運輸主力，本文提及的巴士運輸也是以烏蘭巴士為準。匈牙利境內的巴士票價按照行駛公里計算，收費標準全國統一，可向站內售票口或車上司機購票（可找零），每位乘客最多可免費攜帶兩件寄倉行李，超過需另付行李費 155Ft 起。

INFO

烏蘭巴士

ⓞ volanbusz.hu

$ volanbusz.hu/en/travel-information/buying-ticket/domestic-fares#5.1

🔍 提供時刻表、票價、線上購票等

烏蘭巴士

烏蘭巴士站自助售票機

布達佩斯

市內交通

布達佩斯市區交通多元便捷、票價適中、營運時間長（04:30～23:30，也有深宵營運的 N 班次），以地鐵、電車、公車、城鐵、渡輪連結成綿密的運輸網絡，搭配自由穿梭的計程車，到哪兒都不成問題！市區交通車票種類多元且導入電子收費系統，加上自動售票機支援包含簡體中文的多國語言介面，操作簡單易懂。要留意的是，電車、公車不時因道路維修而臨時改道或停駛，乘坐前可留意站牌是否出現「✕」符號。

布達佩斯大眾運輸中心 BKK

穿梭市區 All in One

布達佩斯的大眾運輸系統由布達佩斯大眾運輸中心（Budapesti Közlekedési Központ，縮寫 BKK）負責基礎設施統籌管理，而經營市內 4 條鐵路、33 路電車、15 路無軌電車及兩百多條公車路線、布達城堡登山纜車等大部分運輸系統的布達佩斯運輸公司（Budapesti Közlekedési Zrt.，縮寫 BKV）則是 BKK 的主

要承包商，至於連結市區、市郊的布達佩斯城鐵（Budapesti Helyiérdek Vasút，縮寫 BHÉV）也同樣隸屬於 BKK 系統。簡言之，布達佩斯的公共運輸票券在市區

內均可通用，唯獨搭乘 BHÉV 到市郊時（離開布達佩斯市區範圍）才需額外購票或補票。

　　基於票價差距不大且可免去一再購票麻煩，觀光客最適合 24 小時、72 小時、7 日（需輸入姓名或護照號碼，購票時可選擇當日或隔天啟用，嚴禁轉讓）等依時間計算的坐到飽式票種。購票方面，布達佩斯市內的自動售票機備有中文選項，操作更加簡單。最後，BKK 各類票種的使用規範每年可能有小幅度的變動，出發前請至其官方網站確認最新訊息。

稍大的公車站也設有自動售票機

`INFO` ···

BKK

 bkk.hu

 bkk.hu/en/maps（路線圖）

BKK 常用票種／票價

票種	票價	說明
單程票 Vonaljegy	350Ft ①	打票後 80 分鐘內可在同種交通工具間轉乘，即用於搭地鐵就不能換搭公車等其他交通工具，以此類推
轉乘票 Átszállójegy	530Ft	適合需在不同交通工具間轉乘者，可於時限內（首次打票後 90 分鐘及第 2 次打票後 60 分鐘）無限次數換乘，每次搭乘都需打票
10 次票 10 db-os	3,000Ft	相當於 10 張單程票，可於打票後 80 分鐘內在同種交通工具內任意轉乘，如換搭不同種類交通工具則會再扣一張票
24 小時票 24 órás jegy	1,650Ft	購票時可選擇「即刻」或「設定時間」啟用，不僅能在時限內任意搭乘各種大眾運輸工具，範圍更涵蓋公共渡輪 D11、D12 ②、D14，票面標註詳細時間，搭乘時不需打票
72 小時票 72 órás jegy	4,150Ft	
7 日票 Hetijegy	4,950Ft	使用辦法與日票相同，購買時要輸入姓名或護照號碼，搭乘時不需打票

①車上向司機購票價為 450Ft
②沿市中心多瑙河航行的 D11 僅平日行駛、D12 僅夏季營運

24 小時票與 7 日票　　　自動售票機已有中文化介面

查票與罰款

勿因不察傷荷包

　　布達佩斯乃至匈牙利的大眾運輸系統查票尚稱密集，無論是心存僥倖抑或一時糊塗，例如：無票上車、持單次票卻在上車時忘記打票、非當地學生卻購買學生票（按規定僅「具匈牙利高中及大學正式學籍並持有合格學生證件者」才能購

買學生月票，國際學生證「不在」優惠範圍內）都可能遭罰。逃票罰金為 8,000Ft（現場繳納）、16,000Ft（30 日內支付），已購買有效日／周／月票卻未隨身攜帶則要在 5 個工作天內持票到市內 4 間客服中心補認證，並支付處理費 2,000Ft。如因故收到罰單，最省錢省事的辦法是立刻付現並取得紫色收據，否則得在 30 日內前往客服中心、郵局或銀行轉帳方式繳納雙倍款項。

　　布達佩斯市內常見受雇自 BKK 與 BKV 的查票員，前者配戴紫色袖套，隨時突擊檢

查；後者配戴藍綠色袖套，長駐地鐵出入口（單程票請自行過驗票機、使用 1 或多日票者則需主動出示票券），部分公車司機也會在乘客上車時要求驗票。所有大眾運輸中，以電車被查票的機率最低，但切莫因此抱著「姑且一逃」的心理，筆者曾見一名本地輕熟女乘電車時被查獲逃票，她不斷和查票員解釋依舊無效，最終必須與對方一同下車處理。需注意的是，只有執法人員才有權要求民眾出示證件，因此部分查票員會與管區警察一同行動。

`INFO`

罰款處理中心 BKK Pótdíjazási Iroda

🏠 1072 Budapest, Akácfa u. 22
🕐 平日 08:00 ～ 20:00（周六、周日休）
🚌 Blaha Lujza tér 地鐵站西北 400 公尺
📱 bkk.hu/en/tickets-and-passes/fines（罰款詳情英文版）

地鐵站內客服中心

🏠 Kelenföld vasútállomás 地鐵站（M4）地下通道一層
🕐 05:30 ～ 22:00

城鐵上的查票兼售票員

布達佩斯卡 Budapest Card

觀光一卡通

　　布達佩斯卡是針對觀光客推出的套裝式旅遊卡，可於卡片效期內不限次數搭乘市區大眾交通工具，免費參觀 13 間博物館、參與 2 次英語徒步導覽、進入 1 次聖盧卡奇浴場，以及許多景點、節目門票、觀光渡輪、旅遊行程、餐館購物等折扣。取得布達佩斯卡的途徑多元，除透過網路購買，機場入境大廳與景點附近的旅客服務處（Budapest Info Point ／ Tourist Information）、主要車站、旅館前台和部分紀念品店等實體店鋪亦有銷售。使用前，須自行填上「啟用日期、時間」與簽名，爾後只要出示卡片便可使用。

布達佩斯卡 DM

　　布達佩斯卡按時間長短有 24 小時／ 5,500Ft、48 小時／ 8,500Ft、72 小時／

10,900Ft、96 小時／14,500Ft 及 120 小時／17,500Ft 等 5 種全票，相較 BKK 效期相同的坐到飽式交通票，布達佩斯卡的價格高出 3 倍左右。也就是說，除非有計畫性地運用各種優惠，否則 CP 值並未勝過交通票。

觀光區常見販售布達佩斯卡的攤車

INFO ·······························

布達佩斯卡

 budapestinfo.hu/budapest-card
 詳列布達佩斯卡最新優惠、價格、使用方式等資訊，線上購卡可享折扣

布達佩斯卡免費英語徒步導覽

種類	名稱	集合時間	集合地點
布達	Cityrama-Free Buda walking tour	每日 14:00	聖三一廣場（Szentháromság tér）
佩斯	Cityrama Pest free walking tour	每日 10:00	莫爾納煙囪捲（Molnár's Kürtőskalács）

布達佩斯地鐵 Budapesti Metró

市區交通動脈

　　布達佩斯市內現有 4 條地鐵線，分別為黃色 M1、紅色 M2、藍色 M3、綠色 M4，遊客最常利用行駛於市中心的 M1 與 M2。地鐵營業時間為 04:00 ～ 23:00，平均每 2 ～ 6 分鐘一班，部分站體歷史悠久，但整體明亮、具設計感，車廂環境清潔，上下車時需自行按鈕開門。

　　1896 年建成的 M1，又稱千禧地鐵，別名源於通車時適逢匈牙利建國一千年，路線大致與安德拉什大街重疊，以西南—東北走向貫穿佩斯精華區，為歐陸首個、全球第三座（次於英國倫敦地鐵大都會線、土耳其伊斯坦堡杜乃爾纜索鐵路）地鐵系統。1996 年，為慶祝開通一百年，M1 車廂復刻成百年前模樣，2002 年被納入世界文化遺產，是全球唯一位列世遺的地鐵線。M2 由佩斯延伸至布達，

布達佩斯地鐵
城鐵路線圖

M ① ② ③ ④
H ⑤ ⑥ ⑦ ⑧ ⑨

H ⑤ Szentendre
Kaszásdűlő
Filatorigát
Szentlélek tér
Tímár utca
Szépvölgyi út
Margit híd, budai hídfő
Déli pályaudvar 火車南站 M ②
Széll Kálmán tér
H ⑤ Batthyány tér
Kossuth Lajos tér
Vörösmarty tér
Deák Ferenc M ①
Ferenciek tere
Kálvin tér
Fővám tér
Szent Gellért tér
Móricz Zsigmond körtér
Újbuda-központ
Bikás park
Kelenföldi pályaudvar 凱爾倫火車站 M ④

尤佩斯特－城市巴士站
Újpest-Városkapu
Újpest-központ M ③
Gyöngyösi utca
Forgách utca
Árpád híd 阿爾帕德橋巴士站
Dózsa György út
Lehel tér
火車西站 Nyugati pályaudvar
Arany János utca
Mexikói út M ①
Széchenyi fürdő
Hősök tere
Bajza utca
Kodály körönd
Vörösmarty utca
Oktogon
Opera
Bajcsy-Zsilinszky út
Blaha Lujza tér
Astoria
火車東站 keleti pályaudvar
Rákóczi tér
II. János Pál pápa tér
Corvin-negyed
Klinikák
Nagyvárad tér
Boráros tér H ⑦
Lágymányosi híd, pesti hídfő
Vágóhíd H ⑥ Ráckeve
Csepel

體育場巴士總站 Puskás Ferenc Stadion
Pillangó utca
Örs vezér tere
M ②
H ⑧ Gödöllő
⑨ Csömör
Népliget 人民公園巴士總站
Ecseri út
Pöttyös utca
Határ út
Kőbánya-kispest

為一條貫穿多瑙河的東西線，不僅連結同名的火車南站、火車東站與 Batthyány tér 城鐵站，也可自 Puskás Ferenc Stadion 站旁的體育場巴士總站搭乘開往格德勒、埃格爾等境內中北部城市的城際班車。M3 全線位於佩斯，沿多瑙河、南北向運行。2014 年最新落成的 M4，規劃建設時間長達 42 年，路線由佩斯中南貫穿多瑙河至南布達。其中，M1、M2、M3 三條地鐵線於戴阿克廣場站（Deák Ferenc tér）交會，在交通便利的考量下，可以此為中心尋找下榻的旅社。

　　身為世界地鐵的祖師爺，布達佩斯地鐵系統和臺灣人熟悉的捷運略有不同，搭乘前請務必注意。首先，地鐵車廂內廣播除轉乘站會有英語說明，其餘只使用匈牙利語報站，到站前請先透過車內電子看板確認站名，以免錯過。其次，站內手扶梯速度快（僅最新建成的 M4 速度正常）、車廂關門速度力道皆迅猛，上下時都要小心腳步。最後，M1 硬體設施相對陳舊且無電梯，月台設置在鐵道兩側，進入地鐵站樓梯前，務必看清通往月台的班車方向，如不察走錯，就得爬樓梯出站、過馬路、重新下樓梯，才能到達對面月台。

世界遺產─地鐵 1 號線

INFO

布達佩斯地鐵

bkk.hu/apps/docs/terkep/metro.pdf

地鐵 Metró 路線

縮寫	簡稱	總長	站數	車程	起訖站
M1	千禧線	4.4km	11	11 分	弗洛斯馬提廣場（Vörösmarty tér，第 5 區）↔墨西哥大街（Mexikói út，第 14 區）
M2	東西線	10.3km	11	18 分	火車南站（Déli Pályaudvar，第 1 區）↔ Örs 領袖廣場（Örs vezér tere，第 10 區）
M3	南北線	17.3km	20	32 分	尤佩斯特中心（Újpest-Központ，第 4 區）↔ 凱基站（Kőbánya-Kispest，第 10 區）
M4	對角線	7.4km	10	13 分	凱爾倫火車站（Kelenföld Vasútállomás，第 11 區）↔火車東站（Keleti Pályaudvar，第 8 區）

布達佩斯電車 Budapesti Villamos

完善最後一哩路

銘黃色的電車是布達佩斯市內極具特色的代步工具，站與站間距離近且站站停靠，不僅肩負地鐵站與景點間的接駁運輸，還能將市區景致盡

收眼底。電車網絡乍看複雜，但只要搭過幾次便能大致掌握，站內均有詳細路線圖、轉乘資訊與即時資訊電子看板，訊息包括：即將進站的車輛編號、月台號碼、月台方向等十分清晰。要注意的是，電車內禁止抽菸、飲食，違者將處以 1,600Ft 罰金。

`INFO` ···

布達佩斯電車

📱 bkk.hu/menetrendek
🔍 開啟網頁後，點選第 4 項、銘黃色電車符號，查詢各電車路線詳細資訊

眾電車中，以 2、4、6、17、19、41、47 最常為遊客利用，其中 2 號線沿多瑙河行駛（單趟車程約 20 分），盡賞兩岸美景；4 號與 6 號線重疊度高，是貫穿布達與佩斯間的熱門路線；19 號和 41 號則是行經相同的布達精華區。在此列出 2、4、17、19、47 電車的轉乘資訊（括弧內為該站可轉乘的大眾運輸系統）與行經景點，供對照利用。

編號	轉乘資訊／行經景點摘要
2	轉乘：Jászai Mari tér（渡輪 D11、D12）、Kossuth Lajos tér M（地鐵 M2；渡輪 D11、D12）、Vigadó tér（地鐵 M1；渡輪 D11、D12）、Március 15. tér（地鐵 M3）、Fővám tér M（地鐵 M4）、Boráros tér H（城鐵 H7；渡輪 D11、D12）、Müpa - Nemzeti Színház H（城鐵 H7；渡輪 D11、D12）、Közvágóhíd H（城鐵 H6、H7）
	行經：瑪格麗特橋、多瑙河畔之鞋、塞切尼鏈橋、伊麗莎白橋、布達佩斯中央市場
4	轉乘：Széll Kálmán tér M（地鐵 M2）、Margit híd, budai hídfő H（城鐵 H5）、Jászai Mari tér（渡輪 D11、D12）、Nyugati pályaudvar M（地鐵 M3、火車西站）、Oktogon M（地鐵 M1）、Blaha Lujza tér M（地鐵 M2）、Rákóczi tér M（地鐵 M4）、Corvin-negyed M（地鐵 M3）、Boráros tér H（城鐵 H7；渡輪 D11、D12）、Petőfi híd, budai hídfő（渡輪 D11）、Újbuda-központ M（地鐵 M4）
	行經：布達城堡山、瑪格麗特橋、火車西站、安德拉什大街、紐約咖啡館
17	轉乘：Margit híd, budai hídfő H（城鐵 H5）、Széll Kálmán tér M（地鐵 M2）、Déli pályaudvar M（地鐵 M2、火車南站）、Móricz Zsigmond körtér M（地鐵 M4）、Újbuda-központ M（地鐵 M4）
	行經：阿奎庫羅馬圓形劇場遺跡、聖盧卡奇浴場、火車南站
19	轉乘：Margit híd, budai hídfő H（城鐵 H5）、Batthyány tér M+H（地鐵 M2；城鐵 H5；渡輪 D11、D12）、Clark Ádám tér（布達城堡登山纜車）、Várkert Bazár（渡輪 D12）、Szent Gellért tér M（地鐵 M4；渡輪 D11、D12）、Móricz Zsigmond körtér M（地鐵 M4）、Kelenföld vasútállomás M（地鐵 M4、凱爾倫火車站）
	行經：阿奎庫羅馬圓形劇場遺跡、聖盧卡奇浴場、塞切尼鏈橋、自由橋、蓋勒特浴場
47	轉乘：Deák Ferenc tér M（地鐵 M1、M2、M3）、Astoria M（地鐵 M2）、Kálvin tér M（地鐵 M3、M4）、Fővám tér M（地鐵 M4）、Szent Gellért tér M（地鐵 M4；渡輪 D11、D12）、Móricz Zsigmond körtér M（地鐵 M4）、Újbuda-központ M（地鐵 M4）
	行經：地鐵博物館、菸草街會堂、匈牙利國家博物館、布達佩斯中央市場、蓋勒特浴場

布達佩斯公車 Budapesti Autóbusz

最佳夥伴 16 號

　　在地鐵、電車的市區交通網已相當完整的情況下，路線最多的公車則有市區補強、市郊串聯的承先啟後作用。布達佩斯的公車為藍色車體，車內設有顯示路線方向、即將前往車站的電子螢幕，每站皆會靠站停車，下車需按鈴才會開門。

　　所有班次中，觀光客最常搭乘穿梭於布達與佩斯市中心的 16 號「Széll Kálmán tér M↔Deák Ferenc tér M」，起訖點均在地鐵站旁，運行時間為 04:40 ～ 23:40，其中 09:00 ～ 18:00 間為每小時 8 班，路線幾乎涵蓋城堡山的所有景點，諸如：Bécsi kapu tér 站（維也納門）、Kapisztrán tér 站（軍事歷史博物館、瑪格達蓮塔）、Szentháromság tér 站（漁人堡、馬加什教堂、聖三一廣場、岩石醫院博物館、城堡地下迷宮）、Dísz tér 站（山多爾宮）、Palota út, gyorslift 站（布達城堡）、Clark Ádám tér 站（布達城堡登山纜車）等。需留意的是，受單行道影響，16 號公車的返往路線與停靠站略有差異，搭乘時請確認車行方向是否正確。

布達佩斯城鐵 BHÉV

連結郊區 4 ＋ 1

　　隸屬首都交通系統一環的城鐵，車站標為 H 或 HÉV，由匈牙利國家鐵路（MÁV）持股的國鐵 - 城鐵地方利益鐵路有限公司（MÁV-HÉV Helyiérdek Vasút Zrt.）負責營運。城鐵共包含 4 條主線（H5、H6、H7、H8）與 1 條支線（H9），分別開往北、南、東北三個方向，提供市中心與郊區間的通勤鐵路運輸服務。

串聯布達佩斯市區與郊區的城鐵

　　城鐵的票價按照搭乘距離計算，基本區間為 10 公里 250Ft、15 公里 310Ft、20 公里 370Ft、25 公里 465Ft、30 公里 560Ft……以此類推。如乘坐城鐵的起訖點都在布達佩斯市區範圍內（城鐵路線圖上會標明市區與市郊的界線），則可直接持 BKK 的 1 或多日交通票搭乘；如超出市區

範圍就得至 BHÉV 售票口加購（告知售票員欲前往的
車站，並出示 1 或多日交通票）或在車廂內向列車長
補票。持單程票上車後，需自行將車票放入打票機內，
以手動方式將上方的黑色卡榫用力往前扳，聽到「喀」
一聲再放開，車票上就會有完成驗票的打洞痕跡。

車廂內的自助打票機

INFO ⋯⋯⋯⋯⋯⋯⋯⋯⋯⋯⋯⋯⋯⋯⋯⋯⋯⋯⋯⋯⋯⋯⋯⋯⋯⋯

布達佩斯城鐵

$ bkk.hu/kiegeszito-hev-menetjegy-10-15-20-25-30-km

📄 bkk.hu/apps/docs/terkep/vasut_agglo.pdf

城鐵 BHÉV 路線

縮寫	名稱	市區起點	市區終點	市郊終點	總長	站數	車程
H5	H5-ös HÉV	Batthyány tér ①	Békásmegyer	Szentendre ②	20.9km	17	40 分
H6	H6-os HÉV	Közvágóhíd	Millenniumtelep	Ráckeve	40.1km	22	74 分
H7	H7-es HÉV	Boráros tér	Csepel	✕	6.7km	6	13 分
H8	H8-as HÉV	Örs vezér tere ③	Ilonatelep	Gödöllő ④	25.6km	20	48 分
H9	H9-es HÉV		Szabadságtelep	Csömör	10.7km	12	24 分

①與同名地鐵站（M2）相連
②蔡依林拍攝「馬德里不思議」MV 的觀光小鎮聖安德烈（本書有專篇介紹）
③與同名地鐵站（M2）相連
④擁有格德勒宮、拉扎爾馬術園區等景點的格德勒（本書有專篇介紹）

渡輪 Hajójáratok

穿梭多瑙河

　　布達佩斯素以「歐洲最美夜景城市」聞名，其中又首推多瑙河兩岸，除了從
河堤欣賞或橋上俯視，搭乘渡輪置身河面更是不容錯過的經典！航行於布達佩斯
段的載客渡輪，主要有公共渡輪和觀光渡輪兩款，前者價格低、航程短、以交通
運輸為目的；後者價格略高、航程稍長、提供 30 種語言（含中文）的語音導覽。

　　如時間有限或僅想體驗乘船的氛圍，那麼公共渡輪 D11（僅平日運行、秋冬

減少班次）、D12（僅夏季運行，假日不適用 1 或多日交通票）便已足夠：如想細細品味布達佩斯唯美浪漫的夜景，那麼夕陽西下或天黑後出發、由傳奇公司（Legenda Ltd.）經營的觀光渡輪 Dunai Legenda 會是不錯的選擇。需提醒的是，儘管多瑙河畔遊船公司多如牛毛，但在旅遊旺季和周末假日仍是一位難求（觀賞夜景的船班格外明顯），務必提早 1、2 日預購渡輪船票，以免屆時大排長龍、耗時耗力。

公共渡輪碼頭

航行於多瑙河上的公共渡輪

INFO ···

公共渡輪

$ 750Ft

📄 bkk.hu/apps/docs/terkep/hajojaratok.pdf

📱 bkk.hu/menetrendek

🔍 開啟網頁後，點選第 3 項、D 字體符號，查詢各公共渡輪路線詳細資訊

公共渡輪航班

縮寫	航線／班次
D11	Újpest, Árpád út（北） Kopaszi-gát –BudaPart（南）共 13 站、單趟航程約 1.5 小時 平日北→南 06:30 ～ 08:11、07:30 ～ 09:11、15:22 ～ 16:36、16:22 ～ 17:36 平日南→北 16:48 ～ 18:34、17:48 ～ 19:34
D12	Rómaifürdő（北） Kopaszi-gát –BudaPart（南）共 13 站、單趟航程約 1.5 小時 夏季每日 08:18 ～ 21:21，每小時一班，假日增為每小時兩班
D14	Csepel-Királyerdő（右） Soroksár, Molnár-sziget（左）共兩站，總航程 3 分 每日 07:03 ～ 20:03，每小時兩班、逢 03、33 分時發

• 航班站點和時間會隨季節與河道狀況調整，詳情請見官網。
• D11、D12 沿線各站均可轉乘地鐵、電車或公車，可乘船南下、乘車北返。

INFO ·······························

傳奇公司觀光渡輪

🏠 1052 Budapest, Dock 7 Jane Haining rakpart（近伊麗莎白橋）

💲 觀光船（Városnéző Hajók）白天運行 Duna Bella 3,900Ft、晚間運行 Dunai Legenda 5,500Ft（含飲料一杯）；餐館船（Étterem Hajók）晚餐 Vacsora 9,300Ft 起

⭐ 布達佩斯卡享票價 20% 折扣

🚇 Ferenciek tere 地鐵站（M3）西北 750 公尺、Vörösmarty tér 地鐵站（M1）西南 850 公尺、Vigadó tér 電車站（2）以南 200 公尺

🔖 legenda.hu（線上預訂）

傳奇公司觀光渡輪時刻表

船班 月份	Városnéző Hajók Duna Bella	Városnéző Hajók Dunai Legenda	Étterem Hajók Vacsora
1 月～2 月	14:00	18:30	19:00
3 月	11:00～17:00 每 1.5 小時一班	18:30、19:30、20:15、21:00	19:45
4 月	11:00～18:30 每 1.5 小時一班	19:30、20:15、21:00、21:30	19:45
5 月～8 月	11:00～18:30 每 1.5 小時一班	20:15、21:00、21:30、22:15	19:45
9 月	11:00～18:30 每 1.5 小時一班	19:30、20:15、21:00、21:30	19:45
10 月	11:00～17:00 每 1.5 小時一班	18:30、19:30、20:15、21:00	19:45
11 月～12 月	11:00～15:30 每 1.5 小時一班	17:00、18:30	19:00

7 號碼頭—傳奇觀光渡輪乘船處　　　　　傳奇渡輪餐館船　　　　邊飲香檳邊乘觀光渡輪賞夜景

計程車 Taxi

慎選優良免遭宰

　　基於布達佩斯的大眾運輸系統已相當完備，不太需要「小黃」（布達佩斯計程車與臺灣一樣為黃色車體），加上各國網友不時回報「遭宰」災情，使布達佩斯小黃一時間臭名遠揚，不少遊客便將搭計程車視為畏途。實際上，被訛詐的情形大多來自路邊攔車或排班車，委請餐廳、旅館以電話叫車則安全許多。如需搭乘，可選擇名聲好的 Fötaxi（電話 +36 1 222 2222）、Rádió Taxi（+36 1 777 7777）等優良車隊，上車後，留意司機是否啟動計程錶、跳錶速度是否正常等，若有刻意不按錶、車資累積過快、刻意繞路等情形，請立刻下車以減少後續糾紛。收費方面，布達佩斯計程車的基本費為 450Ft，每公里收費 280Ft、等待費為每分鐘 70Ft。如對駕駛服務感到滿意，可給予車資 10% 的小費。

布達佩斯

景點全覽——布達／佩斯

　　分處多瑙河兩岸的布達、佩斯，基於地理位置、歷史發展的差異，景點性質也有所不同，整體而言，布達以堡壘古蹟、登高遠眺為主；佩斯則是各類博物館匯聚的商業重鎮。鑑於布達山與山間關係明確，而佩斯則是一片平原無明顯天然界線，在因地制宜的考量下，本文分別採取「地形」與「行政區域」兩種分類方式，系統性地介紹市內各景點。

　　布達佩斯市共有 23 個行政區域，編號模式為自布達城堡山（第一區）往佩斯方向、順時針逐圈向外遞增，了解原理原則後，只要知道目的地位於第幾區，就能大致判斷方位。辨識區碼的方式十分簡單，即地址內 4 位阿拉伯數字的中間兩位，如：1033 為第三區、1074 為第七區，以此類推。漫遊布達佩斯，3 條地鐵交會的戴阿克廣場（Deák Ferenc tér）與鄰近的聖史蒂芬大教堂（Szent István-bazilika）是必經的中心點，這裡不僅交通四通八達，亦設有旅客服務處。除了自行探索，當地也有提供 3 種不同主題的免費徒步導覽行程（Free Budapest Tours），有英語、西班牙語兩種，不需預訂、只要於指定時間至集合點即可。

INFO ┄┄

布達佩斯旅客服務處 Budapest Infopoint

🏠 Budapest, Sütő u. 2, 1052（近戴阿克廣場）

📞 +36 1 438 8080　　🕐 08:00 ～ 20:00

🚇 Deák Ferenc tér 地鐵站（M1M2M3）以南 100 公尺；
　　Deák Ferenc tér M 電車站（47、47B、48、49）西南 100 公尺

🖥 budapestinfo.hu

布達佩斯免費徒步導覽行程

🖥 freebudapesttours.hu

免費徒步導覽行程資訊

主題	集合時間地點	行程
3 小時佩斯＋布達	10:30 戴阿克廣場中央時鐘下 14:30 聖史蒂芬大教堂前台階	多瑙河長廊、塞切尼鏈橋、克拉克廣場、布達城堡、馬加什教堂等
2.5 小時共黨時代	每周二、四、六、日 14:30 聖史蒂芬大教堂前台階	聖史蒂芬大教堂、自由廣場、蘇聯紀念碑、國會大廈、1956 年革命地點等
2.5 小時猶太歷史	每周一、三、五 14:30 聖史蒂芬大教堂前台階	猶太傳統與名人介紹、菸草街會堂、簡單花園（廢墟酒吧）、多瑙河畔之鞋等

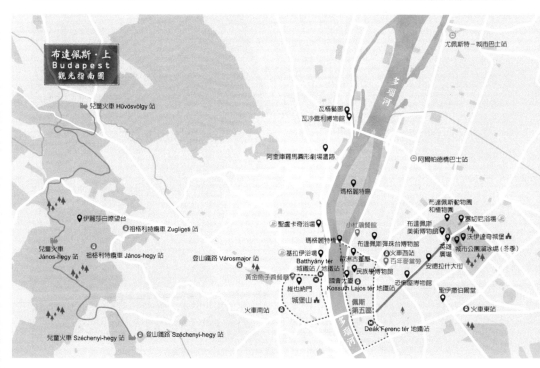

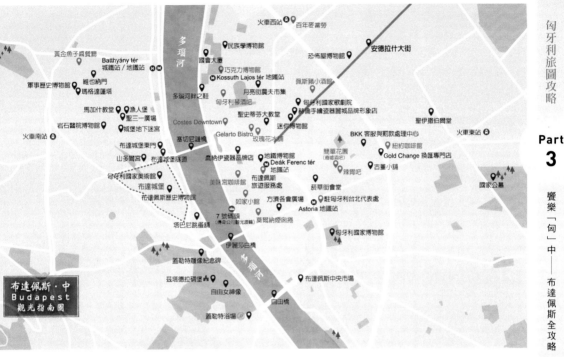

火車西站
百年麥當勞
民族學博物館
國會大廈
黃金魚子醬饗饡
恐怖屋博物館
安德拉什大街
Batthyány tér
城鐵站／地鐵站
巧克力博物館
Kossuth Lajos tér 地鐵站
佩斯豬小酒館
軍事歷史博物館
維也納門
瑪格達蓮塔
多瑙河畔之鞋
月亮街農夫市集
匈牙利琴酒吧
匈牙利國家歌劇院
赫倫手繪瓷器麗城品牌形象店
聖伊擔伯瑩堂
馬加什教堂
漁人堡
聖三一廣場
Costes Downtown
聖史蒂芬大教堂
迷你博物館
岩石醫院博物館
城堡地下迷宮
Gelarto Bistro
玫瑰花冰淇
BKK 客服與剩款處理中心
紐約咖啡館
火車南站
布達城堡東門
塞切尼鍊橋
地鐵博物館
Gold Change 換匯專門店
火車東站
山多爾宮
布達城堡隧道
喬納伊瓷器品牌店
Deák Ferenc tér 地鐵站
辣胃吧
古董小鋪
匈牙利國家美術館
美味宮咖啡館
布達佩斯旅遊服務處
菸草街會堂
國家公墓
布達城堡
布達佩斯歷史博物館
如家小館
方濟各會廣場
Astoria 地鐵站
駐匈牙利台北代表處
塔巴尼跳蚤鋪
7 號碼頭
莫爾納噥圖卷
匈牙利國家博物館
伊麗莎白橋
蓋勒特雕像紀念碑
茲塔碼德拉堡壘
自由女神像
布達佩斯中央市場
自由橋
蓋勒特浴場

布達佩斯·中
Budapest
觀光指南圖

布達佩斯·下
Budapest
觀光指南圖

多瑙河
國家公墓
伊麗莎白橋
匈牙利國家博物館
蓋勒特山
布達佩斯中央市場
採石場路華商聚落
自由橋
布達假日寶藏場
凱爾倫火車站
埃切利跳蚤市場
多瑙河

布達 Buda

　　布達位於多瑙河西岸，為城市發展的起點與前匈牙利王國的首都，面積佔布達佩斯總體三分之一。布達地勢多山、樹木茂密，主要景區包括富含深厚歷史文化底蘊的古布達和城堡山，以及自然環境清幽、可居高欣賞城市全景的雅諾什山與蓋勒特山。

由布達城堡眺望位於佩斯的國會大廈

古布達 Óbuda

城市的原點

　　古布達為布達佩斯最早發展的區域，早在石器時代就有人類居住的紀錄，羅馬帝國統治時期則是潘諾尼亞省首府阿奎庫（Aquincum）的所在地，9 世紀末馬札爾人移入，也是以這裡為根據地。13 世紀中，蒙古軍席捲東歐，匈牙利於蒂薩河一役（Muhi csata，1241 年）大敗，當時的國王貝拉四世（IV.Béla）為此輾轉西逃維也納。隔年，蒙古軍因大汗窩闊台去世撤退，歷劫歸來的貝拉四世見古布達遭嚴重破壞，便在其南側建立新都——布達城堡。

古布達現隸屬布達佩斯第三區（Óbuda-Békásmegyer），位於核心地帶的主廣場（Fő tér）氣氛閒適，鄰近的猶太教堂、巴洛克式建築、瓦格藝廊、瓦沙雷利博物館與羅馬圓形劇場遺跡各具特色，展現融合舊時風華與今日寂寥的沒落美感。

`INFO` ···

主廣場

🏠 Budapest, Fő tér, 1033

🚃 Szentlélek tér 城鐵站（H5）西北 250 公尺；
Szentlélek tér H 電車站（1、17、41）以北 250 公尺

瓦格藝廊 Budapest Galéria Varga Imre Gyjteménye

捕捉動態一刻

　　生於希歐福克的瓦格（Imre Varga，1923 ～）為匈牙利的重量級畫家、雕塑家及生活藝術家，長年關注歷史議題、社會事件與弱勢族群，曾獲象徵該國文學藝術最高榮譽的「科蘇特獎」（Kossuth-díj）。瓦格的雕塑技巧圓融成熟，在匈牙利乃至全球享有盛名，善於表現人體活動瞬間的律動感，他創作的大型公共裝置藝術超過數百件（多屬青銅材質），諸如：菸草街會堂後方、垂柳造型的伊曼紐爾紀念樹（Emanuel emlékfa）與藝廊南方 80 公尺、位於三角公園（Laktanya u. 2）的

等待雕塑群

「等待雕塑群」（"Várakozók" Szobor Csoport），不只匈牙利本國，德國、波蘭、挪威、以色列等也有收藏。想完整認識瓦格的創作歷程與藝術生涯，便不能錯過 1982 年開幕的瓦格藝廊，館內展示分散各地的作品複製版本，十分豐富精彩。

INFO ··········

瓦格藝廊

🏠 Budapest, Laktanya u. 7, 1033　　📞 +36 1 388 6784
🕐 10:00 ～ 16:00（周一休）　　　　💲 800Ft、攝影 500Ft
🚇 Szentlélek tér 城鐵站（H5）以北 400 公尺；
　 Szentlélek tér H 電車站以北 500 公尺
🌐 budapestgaleria.hu

景 瓦沙雷利博物館 Vasarely Múzeum

看見歐普

匈牙利裔法國藝術家瓦拉雷利（Victor Vasarely，1906 ～ 1997）為歐普藝術（OP Art，或稱視換藝術）的主要領導人，透過心理學的視覺實驗研究，以精確嚴謹的幾何圖案變化營造錯視現象，使靜止的作品在視網膜造成眩暈和移動的幻覺。除了線條、方塊和原點，瓦沙雷利的發想觸角也延伸至動物斑紋，早年的「斑馬」（Zebra，1937）與「老虎」（Tigres，1938）便是箇中代表。博物館成立於 1987 年，展出瓦沙雷利初期的素描、具代表性的幾何圖案創作等共四百多件，一些珍稀藏品更是來自他的捐贈。

INFO

瓦沙雷利博物館

🏠 Budapest, Szentlélek tér 6, 1033
📞 +36 1 388 7551
🕐 10:00 ～ 18:00（周一休）
💲 800Ft、攝影 1,500Ft
★ 布達佩斯卡享免費入館
🚇 Szentlélek tér 城鐵站（H5）西北 75 公尺；
　　Szentlélek tér H 電車站（1、17、41）以北 150 公尺
🌐 vasarely.hu

景 阿奎庫羅馬圓形劇場遺跡 Aquincumi katonai amfiteátrum

千年後再見

　　據碑文記載，羅馬圓形劇場建造於西元 145 年的羅馬帝國時期，由第十五任皇帝安東尼·庇護（Antoninus Pius）下令修築，技術工程則為古羅馬軍隊第二輔具軍團（Legio II Adiutrix）負責。劇場呈橢圓形，整體面積為長軸 131.8m×短軸 108.4m、內部表演場 89.6m×66.1m，可容納破萬民眾入場，甚至比羅馬競技場（86m×54m）還要寬闊。特別的是，當時的表演場與觀眾席間築有高 4 公尺的圍牆，目的在阻止野生動物逃脫或傷人。

　　劇場顧名思義最初為戲劇、競技與鬥獸等娛樂用途，同時也是羅馬駐軍軍事訓練的空間，羅馬帝國後期（4 ～ 5 世紀）因局勢動盪而轉作堡壘城塞。之後千餘年間，劇場不僅因戰爭遭到破壞頹圮，居民甚至在其基礎上修建住宅。直到 1932 年，官方在匈牙利考古學家 Nagy Lajos 的主導下，進行大規模的房屋拆除與挖掘工作，再經建築師 Gerő László 依循出土材料推測原型與修復，終於 1941 年重現劇場遺址面貌。

INFO

阿奎庫羅馬圓形劇場遺跡

🏠 Budapest, Pacsirtamező utca 2-14., 1035　　🕐 全日
🚇 Tímár utca 城鐵站（H5）西南 600 公尺；Katinyi mártírok parkja 電車站（17、19、41）以東 200 公尺

雅諾什山 János-hegy

站在高崗上

　　雅諾什山（或譯作亞諾許山）海拔 528 公尺，山頂視野開闊，盡覽布達佩斯
全市風景之餘，亦是市民休閒踏青的熱點。登雅諾什山，可仰賴雙人座開放式的
祖格利特纜車，下車後，往北步行 300 公尺緩坡便可抵達山頂的伊麗莎白瞭望台。
值得一提的是，這裡還有一條專門由小朋友全權管理的兒童火車，旅客可先從市
區搭乘布達佩斯登山鐵路至塞切尼山（Széchényi-hegy），再由此乘坐這條兼具
觀光教育意義的兒童火車專線。

　　基於順路考量，不妨參考以下兩種路線，便能在半日內搭到上述 3 種交通工
具，欣賞雅諾什山不同角度的美麗景致。

　　●市區（瑪格莉特橋或火車西站）搭公車 291 至最後一站——祖格利特纜
車 Zugligeti 站→乘纜車上山→遊覽雅諾什山／伊麗莎白瞭望台→步行至兒童火

車 János-hegy 站→搭兒童火車至 Széchenyi-hegy 站→步行至布達佩斯登山鐵路 Széchenyi-hegy 站→乘布達佩斯登山鐵路至市區 Városmajor 站→搭電車 56、59、61 返回市區（Széll Kálmán tér 地鐵站）。

●市區（Széll Kálmán tér 地鐵站）搭電車 56、59、61 至布達佩斯登山鐵路所在的 Városmajor 站→乘登山鐵路至 Széchenyi-hegy 站→步行至兒童火車 Széchenyi-hegy 站→搭兒童火車至 János-hegy 站→遊覽雅諾什山／伊麗莎白瞭望台→步行至祖格利特纜車 János-hegy 站→乘纜車下山至 Zugligeti 站→搭公車 291 返回市區。

祖格利特纜車 Zugligeti Libegő

美景零死角

落成於 1970 年的祖格利特纜車，總長 1.04 公里，行駛速度為每小時 4 公里、略慢於自動手扶梯，單趟車程約 15 分鐘。纜車穿梭於 Zugligeti 站（海拔 228m）與 János-hegy 站（海拔 490m）間，水平高度差為 262 公尺，纜車

上段多為陡峭山坡與山林樹木，下段可見村莊街道和花園民宅，遠處則是首都全景，是造訪雅諾什山的最佳途徑。

`INFO` ....

祖格利特纜車

☎ +36 1 391 0352

🕐 5 月～ 8 月 10:00 ～ 19:00；9 月 10:00 ～ 18:00；
3 月、10 月 10:00 ～ 17:00；2 月、10 月底 10:00 ～ 16:00；11 月～ 1 月 10:00 ～ 15:30（隔周一休）

💲 單程 1,000Ft、來回 1,400（不適用 1 或多日交通票）

Felnőttjegy
Single ticket for adults
Ára: 1000 Ft   Dátum (Date):
(Price in HUF)   2018.04.28.
Az áfa-tartalom: 21.26%   Érvényes (Valid until):
Sorszám: NN04 0025758   2019.04.28.

纜車票

祖格利特纜車 —— Zugligeti 站

🏠 Budapest, Zugligeti út 97, 1121

🚌 由 Nyugati pályaudvar（M3）地鐵站旁的 Nyugati pályaudvar M 公車
站，搭乘公車 291（約 20 分鐘一班）至終點站 Zugliget, Libegő，往上
坡步行 150 公尺即為 Zugligeti 纜車站

祖格利特纜車 —— János-hegy 站

🏠 Budapest, Jánoshegyi út, 1121

🚌 János-hegy 火車站以西 750 公尺

纜車 Zugligeti 站

 布達佩斯登山鐵路 Budapesti Fogaskerek Vasút

上山搖啊搖

　　1874 年開通的布達佩斯登山
鐵路（正式名稱為電車 60 號）為
全球第 3 條齒軌鐵路，適合行駛
於陡峭的斜坡地形。登山鐵路由
市區起站「Városmajor」至終站
「Széchenyi-hegy」（鄰近兒童火

車搭乘處），共行經 10 站，時速介於每小時 25 ～ 30 公里間，上山需時 19 分、
下山 16 分。坐在造型復古的火車內，行經寧靜清幽的住宅區，彷彿穿越與世無
爭的烏托邦。

Széll Kálmán tér M 電車站

Városmajor 電車站

INFO ....

布達佩斯登山鐵路

📞 +36 1 258 4636

🕐 05:18 ～ 23:28（每 15 ～ 30 分一班）

💰 單程 350Ft（適用 1 或多日交通票）

布達佩斯登山鐵路 —— Városmajor 站

🏠 Budapest, Városmajor, 1121

🚌 由 Széll Kálmán tér 地鐵站（M2）站前 Széll Kálmán tér M 電車站（與
地鐵站同一側，免過馬路），搭乘電車 56、56A、59、59B、61 至
Városmajor 站，下車即可見登山鐵路同名車站

布達佩斯登山鐵路 —— Széchenyi-hegy 站

🏠 Budapest, Széchenyi-hegy, 1121

兒童火車 Gyermekvasút

責任與合作的成長之旅

　　1951 年全線通車的兒童火車，總長 11.7 公里，起訖點分別為「Hvösvölgy」和「Széchenyi-hegy」，共 7 座有人管理車站，是一條貫穿首都西部山丘森林的窄軌鐵道線。兒童火車除駕駛為成年人，其餘商業服務與交通管理等工作均由 10 歲以上的孩童負責（成人僅在必要時提供協助），是目前世界上最具規模的兒童商業火車系統。

　　兒童火車源於共產時期「少年先鋒隊」的概念，蘇聯集團瓦解後，火車頭取下代表共產黨的紅星標誌，兒童員工也由象徵「紅旗一角」的紅領巾改繫藍領帶，整套管理系統也隨之重整。現行在此工作的兒童均為無酬自願性質，平均每 15 日值勤一次，正式服務前需接受 4 個月的培訓課程與檢定考試，才能獲得工作證照，舉手投足十分認真專業。兒童火車行經數個青年活動中心，多數遊客會在 János-hegy 站下車，循指標步行階梯與緩坡約 1.1 公里，即可到達伊麗莎白瞭望台。

`INFO` ....

兒童火車

🕐 Hűvösvölgy 發 09:10 ～ 16:10、夏季延至 18:10；Széchenyi-hegy 發 10:03 ～ 17:03、夏季延至 19:03（平日每小時一班、假日每 30 ～ 45 分一班）
💲 單程 800Ft、來回 1,400Ft（不適用 1 或多日交通票）
🌐 www.gyermekvasut.hu
🚫 9 月～ 4 月配合學生上課時段，周一不營運

兒童火車—— Hűvösvölgy 站

🏠 Budapest, Hűvösvölgy, 1021

🚌 Hűvösvölgy 公車終點站（29、57、63、64、
64A、157、157A、164、257、264）、
Hűvösvölgy 電車終點站（56、56A、59B、61）即達

🎫 站內附設兒童火車博物館（Gyermekvasút Múzeum），
夏季（5月～8月）營業時間為每日 09:00～18:00，其餘
月份僅假日開放

兒童火車—— Széchenyi-hegy 站

🏠 Budapest, Széchenyi-hegy, 1121

兒童火車—— János-hegy 站

🏠 Budapest, János-hegy, 1121

 景

伊麗莎白瞭望台 Erzsébet Kilátó

永恆的茜茜

　　落成於 1911 年的伊麗莎白瞭望台，位處雅諾什山制高處，由匈牙利建築師舒勒克（Schulek Frigyes）設計、石灰岩建成，天晴時可望見遠在 80 公里外的馬特勞山（Mátra）。瞭望台的名稱源於極受匈牙利人民尊崇的伊麗莎白皇后（Wittelsbach Erzsébet magyar királyné，1837～1898），以紀念她曾於 1882 年到

此參訪。除了伊麗莎白，這位以美貌與魅力征服全歐的皇后還有一個親切的暱稱——茜茜（Sisi），在〈茜茜公主〉（Sissi，1955）系列電影的推波助瀾下，她與夫婿約瑟夫一世（Franz Josef I）戲劇性且壓抑的皇室婚姻也廣為人知，是一位徘徊於自由精神與傳統束縛，心靈飽受憂鬱症困擾，最終死於非命（遭無政府主義者刺殺）的悲劇人物，命運與被視為 20 世紀歐洲皇室文化偶像的黛安娜王妃有幾分相仿。

INFO ··

伊麗莎白瞭望台

🏠 Budapest, Erzsébet Kilátó, 1121
🕐 08:00 ～ 20:00
💲 免費
🚌 乘祖格利特纜車至 János-hegy 纜車站，往北步行 300 公尺；
搭兒童火車至 János-hegy 火車站，往東北步行 1.1 公里

城堡山 Budai Várnegyed

歷史的軌跡

　　城堡山是一座海拔 168 公尺、面向多瑙河的台地，中世紀起因戰爭防禦目的開始修築城堡及城牆，見證布達佩斯數百年來的政權更替與歷史流轉，1987 年被聯合國教科文組織列入世界文化遺產。城堡山總長 1.5km、最寬處不到 0.5km，屬狹長地形，北側是民居聚集的歷史住宅區（Történelmi lakónegyed）、南邊則為布達城堡（Budavári Palota），城牆順著四周高坡而建，有 3 座城門對外聯通，其中北端的維也納門（Bécsi kapu）是城堡山的主要出入口。

城堡山涵蓋多個知名景點與博物館，由北往南依序包括：軍事歷史博物館、瑪格達蓮塔、電話博物館、漁人堡、馬加什教堂、聖三一廣場、岩石醫院博物館、城堡地下迷宮、山多爾宮、聖喬治廣場，以及位於布達城堡內的匈牙利國家美術館和布達佩斯歷史博物館等。

INFO ···

維也納門

🏠 Budapest, Bécsikapu tér, 1014
🚏 Széll Kálmán tér 地鐵站（M2）東南 800 公尺；
　 Bécsi kapu tér 公車站（16、16A、116）即達

 軍事歷史博物館 Hadtörténeti Intézet és Múzeum

匈牙利現代戰爭史

　　1918 年成立的軍事歷史博物館，座落於 1847 年建成的古典主義風格軍營。博物館門口陳列兩門奧匈帝國自中國掠奪而來、鑄造於康熙 28 年的古砲，砲上仍可見以漢滿雙語書寫的文字；館內展示匈牙利自 1848 年革命鬥爭（隔年宣布

成立匈牙利共和國）、奧匈帝國統治、一戰、二戰至戰後冷戰時期的軍事相關文獻文物；中庭放置經歷過槍林彈雨的戰車、火砲等，供遊客近距離觀賞接觸。眾展品中，以 1956 年革命（又稱匈牙利十月事件）的攝影作品、繪畫、木板畫與雕刻最震撼人心，這宗因民眾不滿共產政權壓迫而集結起義，因此引發蘇聯入侵的暴力鎮壓事件，至今深深烙印在老一輩匈牙利人的心中。

`INFO` ··

軍事歷史博物館

🏠 Budapest, Kapisztrán tér 2-4, 1014　　📞 +36 1 325 1600

🕐 4 月至 9 月 10:00 ～ 18:00、10 月至 3 月 10:00 ～ 16:00

💲 1500Ft、相機 900Ft、攝影機 900Ft

🚌 維也納門西南 200 公尺；Kapisztrán tér 公車站（16、16A、116）即達

🌐 militaria.hu

 景

瑪格達蓮塔 Mária Magdolna-templom

靜賞百年風雨

　　瑪格達蓮塔為一座建於 13 世紀的哥德式鐘樓，原屬方濟各會教堂的一部分，1786 年方濟各會撤離，教堂一度淪為廢墟和駐軍地，1938 年修復並改建成博物館，惜二戰期間（1944）主建築遭炸彈摧毀，如今僅剩鐘樓健在。遊客可透過攀爬 172 階的狹窄螺旋狀樓梯，登上鐘樓頂端眺望周圍景致，鐘樓內也有一座對外開放的畫廊，常有不同領域風格的藝術家在此舉辦展覽。

INFO ···

瑪格達蓮塔

🏠 Budapest, Nándor u. 36, 1014　🕐 10:00 ～ 19:00
💲 900Ft　🚌 維也納門西南 200 公尺；Kapisztrán tér 公車站（16、16A、116）即達

景 漁人堡 Halászbástya

堡藏父子情

　　漁人堡是以白色石灰石建成的新哥德兼新羅馬式風格觀景台，與馬加什教堂毗鄰而居，兩者間立有匈牙利首任國王聖史蒂芬一世的騎馬銅像。漁人堡是在舊城牆的基礎上興建，初建於 1895 ～ 1902 年，由建築師舒勒克負責規劃設計，目的為慶祝匈牙利建國一千年。漁人堡立面長 140 公尺，7 座尖塔象徵 7 位千年前定居於潘諾尼亞平原的馬札爾人領袖（A hét vezér），而「漁人」一詞則為紀念中世紀時漁會守護城牆的義舉——當時漁民不僅在附近市場販售魚貨，外敵來襲時更會英勇捍衛城池。二戰期間，漁人堡幾近全毀，後由舒勒克之子 Schulek János 接下重建工作，經過一年努力（1947 ～ 1948），終使父親心血得以重現。

　　漁人堡觀景台可環視蓋勒特山、多瑙河、瑪格麗特島及對岸佩斯的國會大廈等全景，是欣賞布達佩斯的最佳位置。特別的是，漁人堡雖有售票機制，但在下層免費區就有不遜於上層售票區的拍攝角度。不僅如此，若仍想到上層一探，也可挑選免票時段前往——淡季（10.15 ～ 03.15）整日免費；旺季初期（03.16 ～ 4.30）09:00 ～ 19:00 售票，19:00 後免費；準旺季（05.01 ～ 10.14）09:00 ～ 20:00 售票，20:00 後免費。

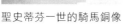
聖史蒂芬一世的騎馬銅像

INFO

漁人堡

🏠 Budapest, Szentháromság tér, 1014　　📞 +36 1 458 3030

🕐 09:00 ～ 23:00

💲 上層景觀台 800Ft（旺季 03.16 ～ 10.15 售票、淡季 10.16 ～ 03.15 免費）

⭐ 布達佩斯卡享 10% 折扣

🚌 維也納門東南 500 公尺；
Szentháromság tér 公車站（16、16A、116）即達

📱 fishermansbastion.com

🔍 現建築物內開設有販售中東歐料理的漁人堡餐廳
（Halaszbastya Étterem）

 景

馬加什教堂 Mátyás Templom

流轉的信仰

　　位處城堡山中心位置的馬加什教堂，以高 78.16 公尺、細膩雕琢的石製尖塔與色彩繽紛的馬賽克屋頂聞名於世。教堂初建於 1015 年，由國王聖史蒂芬一世下令建造，後因蒙古軍入侵被毀，14 世紀下半改為哥德式風格。1526 年，鄂圖曼土耳其帝國入侵、匈牙利政權解體、布達佩斯遭佔，馬加什教堂被改為清真寺，寶物多運往普萊斯堡（今日斯洛伐克首都布拉提斯拉瓦），華麗莊嚴的宗教壁畫皆被清除，換成伊斯蘭教風格的植物與幾何花紋裝飾。直到 1686 年，神聖羅馬帝國盟軍將土耳其駐軍驅離，才結束教堂的黑暗時期。據傳盟軍所以能順利擊敗布達城內的穆斯林，與馬加什教堂內的「聖母顯靈」息息相關……當時教堂一堵牆倒塌，使牆內的「聖母聖嬰像」顯現在虔誠向阿拉祈禱的穆斯林面前，神蹟令他們信心潰散竄逃，城市也因此被天主教徒收復。特別的是，這尊聖像的

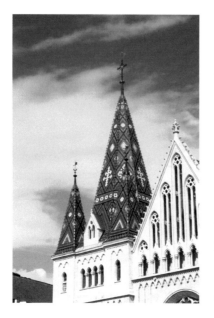

聖母頭上戴著皇冠，正是首任國王聖史蒂芬一世臨死前獻給聖母的榮耀，象徵國王只是替聖母治理國家。土耳其統治期間，天主教信徒將聖像藏於壁內避難，直到牆面倒塌才得重現世間。

17 世紀末，教堂被耶穌會收購，曾試著以巴洛克風格重建，無奈屢遭火災、雷擊等挫折，始終未能如願。19 世紀中，在建築師舒勒克的主導下，以數百年前的哥德式建築設計圖為基礎重修，恢復舊日風采之餘，亦增添馬賽克鑽石圖案屋瓦、滴水嘴獸等新創意。

馬加什教堂的正式名稱為「聖母升天教堂」，南面有一道雕工精緻的「聖母升天石雕大門」，而「馬加什」的由來則源於 15 世紀的同名國王馬加什一世（Hunyadi Mátyás）。這位少年繼位的君主，開創匈牙利史上最強大的時期，對外展現雄才大略、對內治理亦有建樹，後者就包括下令為聖母升天教堂建造高 88 公尺的西南鐘樓（曾被譽為匈牙利最偉大的哥德式建築，惜毀於土耳其佔領期間），他的兩次婚禮亦都在此舉行。不僅如此，這裡亦是匈牙利歷任國王舉行

加冕儀式的地點，故有「加冕教堂」的美名，備受匈牙利民眾擁護的茜茜公主與夫婿法蘭茲‧約瑟夫一世也是在此加冕，音樂家李斯特（Liszt Ferenc）更為此創作「匈

牙利加冕彌撒曲」（Hungarian Coronation Mass），時至今日，堂內仍有一尊茜茜公主的雕像。此外，堂內的音響效果極佳，會定期舉辦管風琴音樂會和相關活動。

　　位於馬加什教堂地下室的博物館，珍藏大量天主教聖物、騎士團紋章、聖史蒂芬王冠的複製品（真品藏於國會大廈內）等文物，以及天主教聖人 John the Merciful（又稱 St. John the Almsgiver，552 ～ 616）的右腳，尖塔內則放置貝拉三世（III. Béla）及其妻子安娜女王（Châtillon Anna）的石棺。

 INFO ································

馬加什教堂

🏠 Budapest, Szentháromság tér 2, 1014

📞 +36 1 488 7716

🕐 平日 09:00 ～ 17:00、周六 09:00 ～ 12:00、周日 13:00 ～ 17:00

💲 教堂 1,500Ft、尖塔 1,500Ft（分梯次入塔，無升降機、需自行爬 200 多層階梯）

🚇 同漁人堡

🌐 matyas-templom.hu

景 聖三一廣場 Szentháromság tér

永別黑死病

　　聖三一廣場位在馬加什教堂前，中央立有一座建於 18 世紀的巴洛克式方尖碑。碑體高 15 公尺、石灰石材質，上面刻有天主教基本教義「三位一體」的雕像（這也是廣場名稱的由來），保護人民避免再受中世紀黑死病的侵害。

景 岩石醫院博物館 Sziklakórház Múzeum

戰時救護第一線

總面積 2,370 平方公尺的岩石醫院，建於 1939 ～ 1944 年間，地處布達城堡地下 20 公尺，二戰期間不僅是躲避空襲的庇護所，亦提供各種緊急醫療協助，是成千上萬民眾的棲身之處。戰後，醫療設備被大量運走，空間為私人公司租用。1956 年革命爆發，這裡短暫恢復醫院功能，收治受傷的平民與士兵。1960 年代，轉作醫護人員接受化學和原子彈襲擊的演習場所，但因設備過時，逐漸淪為倉庫。2006 年進行全面翻新，2008 年以博物館形式對外開放，目的在展示戰爭與和平的價值，紀念那些經歷戰亂的醫護人員，並見證匈牙利近代最艱難的時刻。

需留意的是，博物館位在地下且有厚達 1 公尺的混凝土牆屏蔽，手機收不到訊號；館內全年溫度介於 15℃～ 18℃，夏季記得攜帶薄外套（館方免費提供輕便毯子）。基於路線曲折複雜又難對外聯繫，博物館不開放自由參觀，遊客一律得參加匈牙利語或英語導覽行程，每趟約 60 分鐘，途中請勿脫隊拍照，以免走失造成麻煩。

INFO ··

岩石醫院博物館

🏠 Budapest, Lovas út 4/C, 1012（入口位於城牆底部）

📞 +36 70 701 0101 　 🕐 10:00 ～ 20:00（19:00 停止售票）

💲 4,000Ft（需參加 60 分鐘導覽團）

⭐ 布達佩斯卡享 30% 折扣、馬加什教堂門票享 10% 折扣

🚌 維也納門以南 700 公尺；Szentháromság tér 公車站西南 300 公尺

📷 sziklakorhaz.eu

城堡地下迷宮 Budavári Labirintus

半小時驚魂

布達城堡的天然地下洞穴屬溫泉侵蝕的石灰石地形，早在史前時代就已形成，35萬年前就有人類居住的紀錄。13 世紀時，恆溫潮溼的環境成為儲水與酒窖的最佳場所，爾後也曾轉作監獄和刑房；二戰期間，洞穴因具有躲避空襲的優勢而被擴大開鑿，陸續建成岩石醫院、防空洞等設施，進一步發展成路線錯綜的地下迷宮。戰後，整個區域在「世界七大地下奇觀」的推波助瀾下知名度大增，1984 年以地下迷宮展覽室的模式對外開放，2011 年因故（損傷原本狀態及租金問題等）遭強制關閉。

2013 年，地下迷宮以復刻方式部分開放，設施包括：長 1 公里的迷宮（兼中古世紀貴族生活主題蠟像館）與吸血鬼德古拉的房間。為增添過程中的刺激效果，迷宮內氣氛懸疑陰森、蠟像擬真詭異，搭配冷涼體感溫（室溫 16 ～ 18 度、溼度90%）、厚重乾冰與戲劇效果十足的背景音樂，令人萌生不寒而慄的驚悚感。走完迷宮一趟約需半小時，晚間 18:00 以後入場提供油燈照明，儘管內部沒有導遊與工作人員，但適時出現的箭頭會指引正確方向，身在其中只須保持冷靜，就能順利走出鬼影幢幢的蠟像迷魂陣。

INFO ....

城堡地下迷宮

🏠 Budapest, Úri street 9, 1014
📞 +36 1 212 0207
🕐 10:00 ～ 19:00
💲 2,500Ft
🚌 維也納門東南 650 公尺；
　　Szentháromság tér 公車站以南 200 公尺
📷 labirintus.eu

布達城堡隧道 Budai Váralagút
＋布達城堡登山纜車 Budavári Sikló

登堡雙途

除了由北側的維也納門進出城堡山，正對塞切尼鏈橋、毗鄰克拉克廣場（Clark Ádám tér）的布達城堡隧道與登山纜車，也是登城堡山的交通要道。殊途同歸的隧道、纜車各司其職，前者主要供車輛通行，後者則是兼具運輸與觀光功能的陡坡鐵路。如腿腳體力佳且想邊走邊細品沿途景致，山下有數條通往城堡山的石階，步行 20 分鐘就可達陣。

布達城堡隧道長 350 公尺、採雙線雙向通行，由蘇格蘭籍工程師克拉克・亞當（Clark Ádám）設計，1857 年完工、1918 年開始收取通行費，面向克拉克・亞當廣場的東門屬折衷古典主義風格，西門曾毀於戰爭，現為 1949 年重建。儘管隧道內有規劃人行道，但基於汽車行駛噪音與廢氣問題，並不推薦步行穿越。至於連結鏈橋和布達城堡的登山纜車，是由伊斯特凡・塞切尼伯爵（Széchenyi István，匈牙利改革家與現代化推手）之子 Széchenyi Ödön 倡議興建，1870 年開通，為歐洲僅次於法國里昂纜車的第二條纜索鐵路，二戰期間遭嚴重轟炸，1986 年中才重啟營

運。登山纜車軌道長 95 公尺，上、下站垂直高度差 50 公尺，坡度為 31.75°，採電力驅動、循鐘擺效應運行。兩台纜車各有三個車廂，時速平均每秒 1.5 公尺，單趟需時 1 分鐘、一次可運送 18 ～ 24 名乘客。

布達城堡登山纜車

🏠 Budapest, Clark Ádám tér, 1013
📞 +36 1 201 9128
🕐 07:30 ～ 22:00（周一休）每 5 ～ 10 分一班
💲 單程 1,200Ft、來回 1,800Ft（不適用 1 或多日交通票）
🚌 Clark Ádám tér 電車站（19、41）、
　　Clark Ádám tér 公車站（16、105）即達
📱 bkv.hu/hu/jarmuveink/siklo_menetrend/?/hu/jarmuveink/siklo_menetrend

 景

山多爾宮 Sándor-palota ——總統官邸

　　山多爾宮建於 19 世紀初，由匈牙利裔德籍建築師 Pollack Mihály 與 Johann Aman 共同設計，屬新古典主義風格。山多爾宮初為匈牙利貴族山多爾家族（Sándor család）所有，後以先租（1867）後賣（1881）的方式納入政府管轄，並成為匈牙利總理的居所。二戰時，山多爾宮被澈底摧毀，戰後長期充作博物館倉庫，2000 年進行全面修復，目前是匈牙利總統官邸及共和國總統府。附帶一提，山多爾宮前的聖喬治廣場（Szent György tér）是匈牙利許多重要歷史事件的發生地，如：1457 年匈牙利國王拉斯洛五世（V. László magyar király）在此斬首功臣之子匈雅提（Hunyadi László）、1514 年農民起義運動等，現則為眺望多瑙河兩岸的絕佳位置之一。

山多爾宮

🏠 Budapest, Szent György tér 1-2, 1014
📞 +36 1 224 5000
🕐 全日
💲 免費（內部不開放）
🚌 布達城堡登山纜車上站即達；
　　Dísz tér 公車站（16、16A、116）東南 200 公尺
🔍 周六上午舉行衛兵交接儀式

布達城堡 Budavári Palota

驚濤駭浪 800 年

　　名列世界文化遺產的布達城堡始建於 1265 年，最初為匈牙利國王貝拉四世為抵禦蒙古軍而興建。14 世紀時，神聖羅馬帝國皇帝（同時也是匈牙利、克羅埃西亞與波希米亞國王）西吉斯蒙德（Zsigmond）選擇布達城堡作為他的主要住所，在原建物的基礎上擴大宮殿範圍與加強防禦工事，使其成為中世紀後期最具規模的哥德式王宮建築。1541 ～ 1686 年間，鄂圖曼土耳其帝國佔領布達佩斯，城堡先被改作清真寺及軍營，後遭戰火波及導致嚴重受損，直到哈布斯堡王朝取得統治權，才將城堡改建成巴洛克式風格。

　　19 世紀中至 20 世紀上半葉，布達城堡接連遭逢火災、一戰與二戰的打擊，本體受到極大損傷，今日所見多為 1950 ～ 1960 年代根據考古研究簡化修復的結果。目前，布達城堡內設置匈牙利國家美術館（A、B、C、D 館）、布達佩斯歷史博物館（E 館）、塞切尼國家圖書館（Országos Széchényi Könyvtár）等機構，

其中國家圖書館安排有布達城堡自中世紀以來史料與復刻場景的常設展。

INFO ....

布達城堡

🏠 Budapest, Szent György tér 2, 1014

📞 +36 1 458 3000

🕐 園區全日、各景點 10:00 ～ 18:00or20:00、
餐館酒吧 12:00 ～ 23:00or00:00

🚌 布達城堡登山纜車上站即達；Palota út, gyorslift 公車站（16）即達

📱 budacastlebudapest.com

🔍 網站提供各種布達城堡參訪行程、交通工具與價位，
如：1 小時賽格威遊€ 30、2 小時觀光巴士€ 18、2.5 小時徒步深度之旅€ 30 等

景 匈牙利國家美術館 Magyar Nemzeti Galéria

集 19 世紀大成

國家美術館成立於 1957 年，1975 年由原址（現為民族學博物館）搬遷至布達城堡內，主要收藏匈牙利自中世紀至現代的美術精品，包括：文藝復興時期的石雕、哥德式木刻、晚期哥德式的教堂祭壇及巴洛克藝術等。其中，最豐富的首推 19 世紀活躍於西歐的匈牙利藝術家作品，諸如：畢德麥雅（19 世紀上半的中產階級藝術時期）最傑出的繪畫大師 Barabás

Miklós、匈牙利最偉大的寫實主義畫家 Munkácsy Mihály、擅長以油畫描繪森林氛圍的 Paál László 與代表性雕塑家 Fadrusz János 等，透過這些作品不僅能欣賞高超的藝術技巧，亦可窺知當時人們的生活點滴。

如同匈牙利一些博物館和歌劇院，國家美術館內拍照也需要額外付費，儘管售票員不一定會刻意提醒，但為免後續糾紛，請在購票時一併詢問清楚。

INFO ·····················

匈牙利國家美術館

🏠 布達城堡 A ～ D 館

📞 +36 20 439 7325

🕐 10:00 ～ 18:00（周一休）

💲 常設展 1,800Ft、常設展＋特展 2,200Ft、攝影 500Ft

⭐ 布達佩斯卡享免費入館　　📷 mng.hu

 # 布達佩斯歷史博物館 Budapesti Történeti Múzeum

城市的前世今生

1967 年遷入布達城堡的歷史博物館，位處布達城堡東南翼，藏品包括考古文物、城市歷史資料、藝術作品等 3 大區塊，館內系統性地展示布達佩斯從史前、中世紀到現代的歷史軌跡。博物館規模不大，展覽廳由城堡內的地下室和洞窟

改建而成，常設展中以回顧千年建城史的「布達佩斯——光影——千年首都歷史」（Budapest - Fény és árnyék - A főváros 1000 éves története）最獲好評，可在此欣賞各個年代的豐富影像紀錄。

INFO ·····················

布達佩斯歷史博物館

🏠 布達城堡 E 館

📞 +36 1 487 8800

🕐 3 月～ 10 月 10:00 ～ 18:00；11 月～ 2 月 10:00 ～ 16:00（周一休）

💲 1,800Ft、攝影 800Ft

⭐ 布達佩斯卡享免費入館

📷 btm.hu

蓋勒特山 Gellért-hegy

多瑙河最佳視角

海拔 235 公尺的蓋勒特山，山丘北側為一片平緩草坡，面向多瑙河一面則是陡峭岩壁，自山頂可俯瞰布達佩斯全景。早在中世紀，蓋勒特山就已開始種植葡萄與釀造葡萄酒，18 世紀成為重要的釀酒中心，時至今日，除了公園用地，其餘則是豪宅林立的高級住宅區。

蓋勒特山的名稱源於匈牙利王國的第一位主教聖蓋勒特（Szent Gellért，義大利名 Gerardo），出身威尼斯貴族家庭的他，本欲前往耶路撒冷朝聖，卻在途經匈牙利時，應國王聖史蒂芬一世的請託轉而留在布達佩斯布道。聖史蒂芬去世後，不堪新國王壓迫的異教徒（當時仍有許多匈牙利人未改信天主教）群起反抗，時任主教的聖蓋勒特不幸成為箭靶，他被釘在十字架、放入車內，再從山頂推下墜崖身亡。事過境遷，人們為紀念聖蓋勒特的犧牲，便將他殉道的位置定名為蓋勒特山。

 聖蓋勒特雕像紀念碑 Szent Gellért-szobor

莫忘殉道者

聖蓋勒特雕像紀念碑位於蓋勒特山腳、正對伊麗莎白橋，整體包括人物與拱廊兩部分，紀念碑完成於 20 世紀初，所在地點據傳就是聖蓋勒特主教遭異教徒瓦塔（Vata）迫害致死的位置。聖蓋勒特雕像為匈牙利雕塑家 Jankovits Gyula 的創作，高 7 公尺、青銅材質，其右手舉起十字架、左手撫著心臟，左腳旁跪著異教徒騎士。半

圓形拱廊則由匈牙利建築師 Francsek Imre 設計，與紀念碑下方的石砌瀑布、對稱的古典階梯十分契合，更添肅穆氣氛。

INFO ···

聖蓋勒特雕像

🏠 Budapest, Gellért tér, 1016　　🕐 全日

🚋 Rudas 電車站（19、41、56、56A）以西 400 公尺；
　　Döbrentei tér 公車站（8E、108E、110、112）以南 80 公尺

茲塔德拉碉堡 Citadella

那些年，我們被監視的日子

茲塔德拉在匈牙利語有「堡壘」的意思，現則專門指布達佩斯市內的重要軍事要塞——蓋勒特山頂碉堡。碉堡始建於 19 世紀中、哈布斯堡帝國統治時期，是一座圍繞中央庭院修築的 U 型結構建築群，總長 220 公尺、寬 60 公尺、高 4 公尺，共安置 60 門大砲，幾乎佔據整個山頂台地。別於一般防禦工事用以保衛下方城市，茲塔德拉碉堡卻是帝國監視城內人民的利器，從而壓制其獨立運動與謀反勢力（必要時可砲擊布達佩斯），諷刺的是，興建這座碉堡的工人正是被哈布斯堡帝國壓迫的匈牙利平民。

　　1867 年，哈布斯堡帝國因戰敗導致國際地位下降，為免統治權崩解，只得對轄下的匈牙利有所妥協，建立地位平等的奧匈帝國。此後，碉堡失去原本的監視功能，大門被象徵性地破壞，城牆亦遭拆除。1956 年人民革命期間，蘇聯在匈牙利政府的請求下出兵鎮壓，碉堡一度被蘇聯軍隊佔據，甚至藉「平亂」之名由此轟炸布達佩斯。如今，茲塔德拉碉堡已是布達佩斯著名的觀光景點，城牆旁有

露天展覽的二戰紅軍武器，也可從頂端的瞭望台遠眺多瑙河全景。如行程允許，不妨選在日落時分造訪賞夕陽，唯需留意山頂風勢強勁、早晚溫差大，務必攜帶外套隨行。

INFO ....

茲塔德拉碉堡

🏠 Budapest, Citadell, 1118   🕐 全日
🚌 Szent Gellért tér 地鐵站（M4）西北 800 公尺；
　　Szent Gellért tér M 電車站（19、41、47、47B、48、49、56、56A）西北 700 公尺

 景 自由女神像 Szabadság szobor

獨立的精神象徵

位於蓋勒特山頂的自由女神像，雕像本身高 14 公尺、含基座共 40 公尺，初建於二戰後（1947），當時是包含數個雕塑品的「解放紀念碑」，目的在推崇自納粹手中解放布達佩斯的蘇聯紅軍。1989 年，匈牙利結束共黨專政統治，新政府對紀念碑的去留進行討論，部分政治意涵濃厚的雕像遭拆除，而自由女神基座的銘文也從「感念蘇聯英雄 1945 年解放匈牙利」修改為「紀念為匈牙利獨立、自由與幸福獻出生命的人民們」，將自由女神定位為城市獨立精神的象徵。

INFO ....

自由女神像

🏠 Budapest, Szabadság szobor, 1118
🕐 全日
🚌 同茲塔德拉碉堡

佩斯 Pest

　　佩斯位於多瑙河東岸，佔城市總面積三分之二，地形以平原為主。佩斯的發展歷程可追溯到 12 世紀中，此後一直是全國的經濟重鎮，即使遭逢蒙古軍入侵破壞、土耳其帝國高壓統治、多瑙河嚴重洪災等厄運，還是能迅速恢復生氣。時至今日，緊鄰多瑙河的第五區，仍是布達佩斯乃至全匈牙利的商業及旅遊中心。

　　本文依照布達佩斯行政分區（kerület），依序介紹位在第五區「內城十利奧波德城」（Belváros-Lipótváros）、第六區「特蕾西亞城」（Terézváros）、第七區「伊麗莎白城」（Erzsébetváros，又稱猶太區）、第八區「約瑟夫城」（Józsefváros）、第九區「法蘭茲城」（Ferencváros）、包含瑪格麗特島（Margit-sziget）的第十三區（XIII. kerület）與素有「佩斯之肺」稱號的第十四區（XIV. kerülete）等各區景點。

第五區 Budapest V. kerülete

布達佩斯都心

由內城（Bel-város）和利奧波德城（Lipótváros）組成的第五區，是佩斯的歷史、商業、觀光中心與交通樞紐。該區最早的文字紀錄可追溯至羅馬時代，11世紀初已建立商業貿易基礎，15世紀、馬加什一世在位時達到高峰，土耳其統治期間（1541～1686）幾乎遭到澈底摧毀，之後又面臨洪災（1838）的嚴重破壞。19世紀中，匈牙利名建築師希爾德（József Hild）以古典主義形式重新設計，奠定今日第五區整體規劃的基礎。

 ## 瑪格麗特橋 Margit híd

河上的迴力鏢

位於市中心北側的瑪格麗特橋，始建於1872年，是連結布達、佩斯的第二座永久橋梁（次於塞切尼鏈橋），全長607公尺、寬25公尺，屬雙聯拱橋（kétcsuklós ívhíd），橋體在河道中央以165度夾角接合，再由此延伸一條往瑪格麗特島的附屬橋。瑪格麗特橋的設計圖來自政府舉辦的國際徵選活動，比賽由法國工程師古溫（Ernest Goüin）脫穎而出，初期也依照他的規劃投入建造。只是，途中臨時加入「連接瑪格麗特島」的需求，導致橋體結構大幅更動，形成今日貌似迴力鏢的特殊形狀。

1876 年布達與佩斯兩地貫通，通往瑪格麗特島的橋梁因欠缺資金，延至 19 世紀末才告落成。百年間，瑪格麗特橋曾進行數次翻修，目前是一座整合人行道、自行車道、汽車馬路、電車軌道於一體的複合式橋梁。

INFO ⋯⋯⋯

瑪格麗特橋

🏠　Budapest, Margit híd, 1055

🚌　Margitsziget / Margit híd 電車站（4、6）、Margitsziget / Margit híd 公車站（6）即達

 國會大廈 Országház

匈牙利地標

　　坐落於多瑙河畔的國會大廈，屬哥德復興式與折衷主義風格（整體採巴洛克式布局、正面裝飾屬哥德式、天花板裝飾則帶有文藝復興形式），總長 268 公尺、寬 123 公尺、高 96 公尺、面積近 1.8 萬平方公尺，是世界第三、歐洲第二大的議會建築。國會大廈共有 4 層，內含 27 扇大門、28 座樓梯、13 台客貨電梯、200 多間辦公室，各房間以一條無止盡的走廊系統連接，蔓延在大廈內的紅地毯長約 3 公里。不僅如此，這裡也可見著名藝術家的雕塑和繪畫作品，外部門面為 90 位匈牙利史上的偉人石雕，內部展示數百件珍稀藝品，而單純用於裝飾的黃金就高達 40 公斤！回顧國會大廈的興建歷程，始於官方舉辦的設計比賽，匈牙利建築師斯坦德（Steindl Imre）的稿件在 19 份參賽作品中脫穎而出，並於 1885 年正式開工。儘管因慶祝「匈牙利建國一千年」而趕在 1894 年投入運作，真正

完工時間卻是在 10 年後的 1904 年。

國會大廈整體是以中央圓頂大廳為中心的對稱布局，兩側分別為眾議院（Képviselőházban）與參議院（Felsőházi ülésterem），前者為匈牙利議會所在，後者則是於平日開放公眾參觀。為彰顯參議院（王國時期由貴族組成）的尊榮，廳內從鍍金裝飾到多層地毯處處講究，主牆面上為統治者的紋章，兩側則是以貴族為主題的壁畫。不僅如此，整棟建築備有良好的暖氣與通風系統，堪稱 20 世紀初最現代化的空調設備，1930 年代至 1994 年更只需藉由儲存大量冰塊，就可讓整座建築降溫。

除了精心雕琢的樓梯與廳室，圓頂大廳中央的防震展示櫃內，還放置著代表國家至高權力的聖史蒂芬王冠（Szent Korona，包括冠冕、短劍與寶石權杖，禁止攝影）。據史料記載，首任國王聖史蒂芬一世去世前一天將王冠獻給聖母瑪利亞，此後王冠便成為國王代聖母行使統治權的象徵，而歷代繼承者（僅少數例外）也必須要得到王冠才能被正式加冕。千年來（11 世紀～ 21 世紀），聖史蒂芬王冠幾乎不間斷地代代相傳，直到 1918 年末代國王卡爾一世（I. Károly）遭廢黜才告終，為歐洲史上使用最久的冠冕之一。二戰後，王冠被輾轉運往美國，1978 年美國總統卡特決定贈返匈牙利，先收藏於匈牙利國家博物館，2000 年 1 月王冠被移至現址，而國王在加冕時穿著的披風（Magyar koronázási palást）則續存於博物館內。

附帶一提，國會大廈前的科蘇特廣場（Kossuth Lajos tér）設置一座升旗台，每日 08:00 ～ 18:00 的整點都舉行衛兵換班儀式，傍晚 18:30 更有小型軍樂隊與衛兵一同進行的降旗典禮。儘管陣容較為精簡，舉手投足卻不打折，是欣賞匈牙利軍隊英挺軍容的最佳時機。

INFO ·····································

國會大廈

🏠 Budapest, Kossuth Lajos tér 1-3, 1055

📞 +36 1 441 4415

🕐 4 月～ 10 月 08:00 ～ 18:00；
11 月～ 3 月 08:00 ～ 16:00

💲 6,000Ft（一律需參加導覽團，全程 45 分鐘）

🚇 Kossuth Lajos tér 地鐵站（M2）、
Kossuth Lajos tér M 電車站（2）即達

📱 parlament.hu

📱 jegymester.hu/parlament（購票）

🔍 導覽團有匈牙利語、英語、德語、法語、俄語、義大利語、西班牙語、希伯來語等 8 種語言，其中英語團最熱門，爆滿機率很高，如確定造訪時間，請盡早透過網路預訂。導覽團出發前 15 分鐘，網路預訂者需持自行列印的門票，至國會大廈北側廣場地下層的遊客中心（Országház Látogatóközpont）集合；如欲現場購票，也請在此洽詢。若舉辦官方活動，將暫停對外開放。

衛兵換班儀式

景 民族學博物館 Néprajzi Múzeum

莫忘傳統

　　位在國會大廈對面的民族學博物館，最初成立於 1872 年，本為附屬在匈牙利國家博物館的民族誌部門，1947 年成為獨立單位，1973 年搬入現址。博物館所在建築屬文藝復興風格，其前身為 1896 年落成的匈牙利最高法院，由建築師 Alajos Hauszmann 設計。民族學博物館旨在收藏 18 世紀末至二戰期間的匈牙利民間文物，種類含括：服裝、陶器、家具、船隻等，館內亦重建 1900 年代普羅大眾的日常生活與傳統文化，再現百年前人民的家居擺設（諸如客廳、廚房）、各行各業（鐵匠、陶瓷工、裁縫師、製帽師、毛氈手工藝者）、婚禮和節慶儀式等，令人有身歷其境的感動。

INFO ··························

民族學博物館

🏠 　Budapest, Kossuth Lajos tér 12, 1055

📞 　+36 1 473 2442

🕐 　10:00 ～ 18:00（周一休）

💲 　常設展 1,000Ft、常設展 + 特展 1,400Ft、
　　攝影 300Ft

🚇 　Kossuth Lajos tér 地鐵站（M2）東北 350 公尺；
　　Kossuth Lajos tér M 電車站東北 250 公尺

🌐 　neprajz.hu

月亮街農夫市集 Hold utcai Vásárcsarnok és Belvárosi Piac

舊市場 · 新活力

　　月亮街農夫市集位於一棟 1897 年落成的折衷主義建築內，由匈牙利建築師克齊格勒（Czigler Győző）設計，總面積 2,107 平方公尺。由於規劃之初就是作市場用途，因此內含冷藏室、空調系統、男女洗手間等設備，在當時是非常先進的設計。只是，隨著百年過去，市場逐漸老舊不敷使用，2014 年進行大幅度整修，除了營造舒適購物環境與加裝無障礙設施，也將市場一樓、二樓分別規劃為產地直銷的農夫市集和具時尚感的多國料理餐館，成為兼具生活機能與觀光價值的複合式市場。

`INFO`

月亮街農夫市集

🏠 Budapest, Hold u. 13, 1054

📞 +36 1 353 1110

🕐 周二至周五 06:30 ～ 18:00；周一 06:30 ～ 17:00；
　 周六 06:30 ～ 16:00（周日休）

🚌 Kossuth Lajos tér 地鐵站（M2）以東 600 公尺；
　 Hold utca 公車站（15、115）即達

🌐 belvarospiac.hu

 多瑙河畔之鞋 Cipők a Duna-parton

葬身河底的清白魂

　　20 世紀初，匈牙利境內的猶太居民已佔總人口數的 20%，他們不少聚居在首都布達佩斯的第七區，並在此建造歐陸最具規模的猶太會堂（即菸草街會堂）。然而，隨著二戰爆發、納粹勢力席捲全歐，匈牙利的極右派箭十字黨也趁勢崛起，黨人斯托堯伊（Sztójay Döme）在德軍 1944 年入侵匈牙利後出任總理，全力配

合希特勒的排猶政策——將猶太人拘禁在以會堂為中心的猶太人區，四周築起高牆，百般凌辱後再伺機將他們大批屠殺。至 1945 年 1 月為止，箭十字政權分批將政治犯與猶太人趕至多瑙河畔，要求他們脫下鞋子、面河站立，士兵再對著這些手無寸鐵的人們開槍，中彈者癱軟無力、墜入河中，瞬間將多瑙河染紅……

為紀念這 3,500 名（其中 800 位為猶太人）命喪多瑙河的遇難者，匈牙利電影人 Can Togay 設計名為「多瑙河畔之鞋」的裝置藝術，由雕塑家 Gula Pauer 創作 60 對 1940 年代風格的皮鞋，2005 年永久放置於國會大廈南側的河堤畔。儘管時隔多年，仍不時有民眾來此獻上花束與蠟燭，追悼這段代價極高的人類浩劫。

 INFO ·······························

多瑙河畔之鞋

🏠 Budapest, Id. Antall József rkp, 1054
🕐 全日
🚇 Kossuth Lajos tér 地鐵站（M2）西南 300 公尺

景 聖史蒂芬大教堂 Szent István-bazilika

國王的右手

聖史蒂芬大教堂又譯作聖伊什特萬聖殿，是布達佩斯天主教的宗座聖殿，因匈牙利首任國王聖史蒂芬一世（或稱聖伊什特萬一世）的右手聖物（Szent Jobb）存放於此而得名，目前該聖物在堂內的聖右手禮拜堂（Szent Jobb Körmenet）公開展示。大教堂由 19 世紀匈牙利最具影響力的建築師米克洛斯（Miklós Ybl）設計，總工期達 54 年（1868 年的穹頂垮塌導致一切得從新開始），1905 年完工，風格屬新古典主義。

大教堂總長 87.4 公尺、寬 55 公尺，高度與國會大廈同為 96 公尺，象徵精神與世俗同樣重要。特別的是，根據現行法規，布達佩斯的所有建築都不能超過 96 公尺，因此國會大廈與聖史蒂芬大教堂同為市內最高建築。大教堂的立面兩側各有一座鐘樓，原本懸掛匈牙利最大、重量達噸的巨鐘，可惜在二戰期間被拆下作軍事用途。除參觀教堂主殿和聖右手禮拜堂，遊客也可搭乘電梯至穹頂周圍的瞭望台（Panoráma Kilátó），或前往展示教堂聖物的寶藏館（Kincstár），唯兩者都需另外購票。

INFO ....

聖史蒂芬大教堂

- Budapest, Szent István tér 1, 1051
- +36 1 317 2859（教區辦公室）
- 平日 09:00 ～ 17:00；周六 09:00 ～ 13:00；周日 13:00 ～ 17:00
- 教堂主殿＋聖右手禮拜堂 200Ft 或 € 1（樂捐）、穹頂瞭望台 600Ft、寶藏館 400Ft
- Bajcsy-Zsilinszky 地鐵站（M1）、Szent István Bazilika 公車站（9、15、115）即達
- bazilika.biz

 ## 塞切尼鏈橋 Széchenyi lánchíd

布達佩斯第一橋

塞切尼鏈橋不僅是布達佩斯第一條橫跨多瑙河的永久橋、整座城市的標誌性建築，更是市內 9 座跨河橋中地理位置最好的一座：佩斯端鄰近格雷沙姆宮（Gresham-palota，現為四季飯店）與匈牙利科學院（Hungarian Academy of Sciences，該國最重要學術機構），布達端則是克拉克 • 亞當廣場和布達城堡登山纜車山下乘車處。

塞切尼鏈橋落成於 1849 年，為一座懸索吊橋，總長 380 公尺、寬 14.5 公尺，由英國工程師威廉 · 蒂爾尼（William Tierney Clark）設計、蘇格蘭土木工程師克拉克（Adam Clark）監造，興建經費則來自伊斯特凡 · 塞切尼伯爵的贊助，橋梁也是以他命名。鏈橋在當時被視為工程技術的頂尖成果，象徵匈牙利經濟、社會與思想的現代化，而其鑄鐵裝飾亦營造古典高貴的氛圍。二戰尾聲，蘇聯紅軍包圍被納粹德國佔領的布達佩斯，1945 年 1 月德軍兵敗，撤退時就將包括鏈橋在內的橋梁炸毀。戰後，匈牙利政府展開重建工程，終於在 1949 年、鏈橋落成一百周年紀念時完工。

INFO ··

塞切尼鏈橋

🏠 Budapest, Széchenyi lánchíd, 1051

🚇 Vörösmarty tér 地鐵站（M1）西北 600 公尺；Széchenyi István tér 電車站（2）、Clark Ádám tér 電車站、Vörösmarty tér 公車站（15、16、105、115）即達

 地鐵博物館 Földalatti Vasúti Múzeum

百年地鐵好吃驚

成立於 1975 年的地鐵博物館，位於戴阿克廣場下方的同名地鐵站通道內，由一條 1955 年停止營運、長 60 公尺的支線隧道改建而成，館內不僅展示地鐵系統自 1896 年開通以

來的歷史照片、車廂模型、原始文獻（藍圖、地圖、建築紀錄），亦收藏編號為 1、19、81 的 3 輛除役電車。博物館規模雖小，卻因展品（早期地鐵文物）與展場（舊時地鐵隧道）十分契合，加上管理人員熱心友善，步行其中彷彿經歷一場愉快的地鐵時光之旅。

　　博物館上方的戴阿克廣場，不僅聚集許多潮牌名店，也有販售特色紀念品的市集與名為布達佩斯之眼的摩天輪。廣場一隅還可見佔地頗廣的草地與露天水池，許多人在此享受日光浴、泡腳或郊遊野餐，氣氛閒適愜意。

`INFO` ··

地鐵博物館

 Budapest, Deák Ferenc tér, aluljáró, 1052（與地鐵連通）

　 +36 1 461 6500

　 10:00 ～ 17:00（周一休）

　 350Ft、攝影 500Ft

　 Deák Ferenc tér 地鐵站（M1M2M3）
　 以東 100 公尺；Deák Ferenc tér M 電車站即達

景 伊麗莎白橋 Erzsébet híd

一座橋梁 ‧ 多少故事

　　伊麗莎白橋又稱茜茜公主橋，首建於 1903 年，是連接布達、佩斯的第三座橋梁（次於塞切尼鏈橋、瑪格麗特橋），名稱為紀念 1898 年在日內瓦遇刺身亡的伊麗莎白皇后。橋體全長 378.6 公尺、寬

27.1 公尺，地處多瑙河河道最狹窄（290m）的位置，為布達佩斯 9 座跨河橋中唯一無支柱的橋梁。1945 年 1 月，伊麗莎白橋在德軍撤隊時被炸毀，1961 年展開重建，礙於經費限制只得化繁為簡，3 年後重新開放。目前橋體的夜間照明為日本燈光設計師石井幹子 2009 年的創作，資金由日方負擔 1.2 億福林、布達佩斯議會支付 1.5 億福林，作為慶祝兩國建交 50 周年的紀念禮。

`INFO` ⋯⋯⋯⋯⋯⋯⋯⋯⋯⋯⋯⋯⋯⋯⋯⋯⋯⋯

伊麗莎白橋

🏠 Budapest, Erzsébet híd, 1056
🚌 Ferenciek tere 地鐵站（M3）西南 500 公尺；Március 15. tér 電車站（2）、Március 15. tér 公車站（5、8E、108E、110、112、133E、178）即達

第六區 Budapest VI. Kerülete

街道＋地鐵＝世界遺產

　　第六區的傳統名稱為特蕾西亞城，區域發展始於 18 世紀，當時內城（即第五區）空間已近飽和，市民只得向周邊果園（今第六區）遷移。邁入 19 世紀，當地房屋量翻倍成長、塞車問題嚴重，未幾安德拉什大街和歐陸首條地鐵線 M1 陸續建成，不僅解決交通問題，更成為布達佩斯的觀光熱點。

 ## 安德拉什大街 Andrássy út

布達佩斯一街

　　貫穿第六區的安德拉什大街，兩端分別是位在第五區的伊麗莎白廣場（Erzsébet tér）與第十四區的英雄廣場（Hősök tere），道路兩側為新文藝復興風格的宮殿建築與排屋，地下則有布達佩斯地鐵 1 號線行經。1872 年，安德拉什大街在總理安德拉什伯爵（Gyula Andrássy）的倡議下興建，目的就是緩解平行

道路國王大街（Király utca）日益繁忙的運輸壓力。街道在 1876 年通車，建築部分則於 1884 年大致完成，這些由米克洛斯（即聖史蒂芬大教堂的設計者）等知名建築師設計的宮殿或房屋，首批入住者多為貴族、銀行家、地主等富貴階級，使這裡順理成章躍升為布達佩斯的高級住宅區。

安德拉什大街在 1950 年代受政治因素影響三度改名（史達林街→匈牙利青年大道→人民共和國街），直到結束共黨專政統治，才於 1990 年恢復原名。街上餐館、咖啡廳、劇院、名牌旗艦店林立，不僅為布達佩斯最具代表性的林蔭大道與購物街，更在 2002 年登錄為世界文化遺產。

INFO ···

安德拉什大街

🏠 Budapest, Andrássy út, 1062
🚇 Bajcsy-Zsilinszky 地鐵站（M1）→ Hősök tere 地鐵站（M1）各站皆達

 恐怖屋博物館 Terror Háza Múzeum

被壓迫的年代

2002 年開幕的恐怖屋博物館，是以 20 世紀獨裁統治期間遭制度迫害的匈牙利人民為主題，重現自二戰法西斯主義到戰後共產主義的種種不人道行徑，記錄匈牙利史上兩個最血腥時代。恐怖屋位在一棟 1880 年落成的三層樓房，建築屬新文藝復興風格，本為匈牙利籍猶太裔畫家艾薩克（Perlmutter Izsák）所有。

1932 年，艾薩克過世後，先由佩斯猶太社區繼承，後租予親納粹的箭十字黨，成為其黨團總部。1944 年底，數百名猶太人曾被囚禁於酷寒的地下室；戰後，這裡成為匈牙利國家保衛局（縮寫 ÁVH，類似蘇聯 KGB 的密探組織）總部，現仍可見當時相關文獻照片、宣傳海報、ÁVH 制服及祕密警察的拷問室等。1956 年，ÁVH 組織被新政府廢除，建築轉作一般辦公大樓，直到 2000 年由「中東歐歷史與社會公共研究基金會」（Közép- és Kelet-európai Történelem és Társadalom Kutatásáért Közalapítvány）購入，才在歷史學家施密特教授（Schmidt Mária）的主導下，成為回顧匈牙利白色恐怖時期的專門機構。

INFO ···

恐怖屋博物館

🏠 Budapest, Andrássy út 60, 1062　　📞 +36 1 374 2600
🕐 10:00 ～ 18:00（周一休）
💲 3,000Ft（禁止攝影）
🚇 Vörösmarty utca 地鐵站（M1）即達；
　　Oktogon 電車站（4、6）東北 250 公尺
🌐 terrorhaza.hu

 # 匈牙利國家歌劇院 Magyar Állami Operaház

歐洲藝術殿堂

國家歌劇院落成於 1884 年，由米克洛斯設計、奧匈帝國皇帝約瑟夫一世出資興建，建築以新文藝復興風格為主、搭配巴洛克元素，正面左右立有浪漫主義音樂家李斯特（Franz Liszt）與歌劇院首位音樂總監暨匈牙利國歌作者艾爾科（Ferenc Erkel）的雕

像。歌劇院內部採馬蹄形格局，裝飾華麗典雅，最多可容納 1,261 名觀眾，音響效果在歐洲同類建築中名列前茅。如欲參觀歌劇院，除購票入內欣賞歌劇、芭蕾或現代舞劇等表演（票價 3,000 Ft 起），也可參加每日下午 14:00、15:00、16:00 出發的付費導覽行程（英語、法語等選擇），包含各廳室導遊、簡短介紹，以及兩位歌劇演員演出的 10 分鐘迷你音樂會。

INFO ··

匈牙利國家歌劇院

 Budapest, Andrássy út 22, 1061

📞 +36 1 814 7100

🕐 10:00 ～ 20:00、售票口 10:00 ～ 17:30

💲 2,490Ft（40 分鐘導覽）

⭐ 布達佩斯卡享 20% 折扣

🚇 Opera 地鐵站（M1）即達；Oktogon 電車站西南 500 公尺

🌐 opera.hu

景 迷你博物館 Miniversum

暢遊歐陸小世界

2014 年開幕的迷你博物館，是以歐陸城市與鐵路模型為主題的小人國園區，使用 1:87 的比例重現匈牙利（布達佩斯、陶陶、潘諾恩哈爾姆、焦爾、大岑克）、奧地利（維也納、布根蘭邦、梅爾克、杜倫施坦）及德國（艾

森納赫、瓦爾特堡、烏埃爾岑、羅滕斯泰因、賽滕羅達）等 3 國的 14 座城鎮，館內共有 600 棟建築、1,000 台車輛與 5,000 個迷你人物。不僅如此，博物館還組裝有規模龐大的模型鐵路，環繞全館的鐵軌長 1.3 公里，百輛火車輪流運行。

> **INFO** ···
>
> 迷你博物館
>
> 🏠 Budapest, Andrássy út 12, 1061
> 🕙 10:00 ～ 18:00
> 💲 2,400Ft
> 🚇 Opera 地鐵站（M1）西南 150 公尺
> 📱 facebook.com/miniversumbudapest

第七區 Budapest Ⅶ. Kerülete

白天反省歷史 · 夜晚享受人生

　　第七區又名伊麗莎白城，發展始於 19 世紀，為猶太裔市民的傳統聚居地，歐陸最大的猶太會堂亦坐落於此。二戰後期，這裡便成為納粹及其同盟箭十字黨迫害猶太人的重災區，共黨統治期間又面臨人口外移問題。時序邁入 21 世紀，

隨著中產階級回流，商業活動興盛，不僅搖身一變為摩登雞尾酒吧、時髦夜店的聚集地，目前更是布達佩斯人口密度最高的區域。

 聖伊撒伯爾堂 Árpád-házi Szent Erzsébet-plébániatemplom

公主的神聖之路

位在玫瑰廣場（Rózsák tere）的聖伊撒伯爾堂，落成於 1901 年，由建築師斯坦德設計，整體長 62 公尺、寬 21.3 公尺、高 76 公尺，西北翼有兩座塔樓，約可容納 2,600 人，為一座新哥德式風格的羅馬天主教教堂。聖伊撒伯爾堂的名稱源自 13 世紀的匈牙利公主聖伊撒伯爾（Árpád-házi Szent Erzsébet）。聖伊撒伯爾 14 歲結婚、20 歲喪偶，寡居期間，她將所有財產捐建醫院並親自照料病人，24 歲去世不久便因生前善行與曾展現奇蹟由教宗額我略九世（Gregorius PP. IX）封聖。

來到聖伊撒伯爾堂，不僅前方有聖伊撒伯爾的雕像，立面也裝飾祂分送麵包給窮人充飢的立體壁畫，而這正是聖伊撒伯爾在信徒心中最鮮明的形象。

`INFO` ⋯⋯⋯⋯⋯⋯⋯⋯⋯⋯⋯⋯⋯⋯⋯

聖伊撒伯爾堂

🏠 Budapest, Rózsák tere 8, 1074

📞 +36 1 322 4117

🕐 07:30 ～ 18:00；平日禮拜 07:30、18:00；
周日禮拜 07:30、09:00、11:00、18:00

💲 免費

🚇 Keleti Pályaudvar 地鐵站（M2M4）西北 650 公尺；
Péterfy Sándor utca 公車站（73、76、79）即達

📱 rozsaktere.uw.hu

 ## 菸草街會堂 Dohány utcai Zsinagóga

歐陸最大猶太會堂

　　猶太會堂為猶太教徒祈禱、全齡教育與舉行各種公共活動的重要場所。位於布達佩斯第七區的菸草街會堂，共設有 2,964 個座位，是匈牙利乃至全歐規模最大的一間（全球僅次美國紐約以馬內利會堂）。菸草街會堂建於 1854 ～ 1859 年間，由奧地利建築師路德維希（Ludwig Förster）設計，除參考北非及西班牙（阿爾罕布拉宮）的摩爾式建築，亦混和拜占庭、浪漫主義與哥德式等多重元素，會堂兩側、高 43 公尺的洋蔥形圓頂，則取材自俄羅斯東正教教堂。堂內以金色及彩色繪製的幾何形狀壁畫，為匈牙利浪漫主義運動藝術家費斯茲（Frigyes Feszl）的作品。

　　猶太會堂的建築群包含：猶太博物館（A Zsidó Múzeum）、英雄殿（A Hősök temploma）、猶太公墓（Temető）、瓦倫堡大屠殺紀念公園（Raul

Wallenberg Emlékpark）與由藝術家瓦格創作的伊曼紐爾紀念樹（葉片上刻有遭納粹屠殺的猶太遇難者姓名），其中猶太博物館坐落於以色列國父西奧多·赫茨爾（Herzl Tivadar）的出生地，這位奧匈帝國的猶太裔記者因極力宣傳錫安主義（又稱以色列復國主義），為以色列建國奠定理論基礎。至於猶太公墓的形成，則是戰爭造成的偶然結果——猶太教本不允許將墓地安置在教堂旁，卻因二戰尾聲遭納粹集體囚禁在會堂內的猶太人大量死亡，寒冷與戰爭導致上萬具遺體無法送往墓地，迫於無奈

只得就近埋葬。戰後，又基於猶太教不允挖掘屍體的教規，繼續長眠於此。

　　參觀菸草街會堂需遵守嚴格的安全與穿著規定，入園區前，不僅需過安檢門，工作人員也會將背包等隨身物品打開檢查（每個內袋都會翻開）。男性需戴上館方發給的紙製猶太帽，女性如穿著露肩露腿的清涼裝束，同樣得披上館方提供的藍色塑膠罩衫。

INFO ··

菸草街會堂

🏠 Budapest, Dohány u. 2-8, 1074

📞 +36 1 413 5584

🕐 4 月 30 日至 9 月 30 日 10:00 ～ 20:00（周五提早至 16:00）；3 月 5 日至 4 月 29 日、10 月 1 日至 28 日 10:00 ～ 18:00（周五提早至 16:00）；10 月 29 日至 3 月 4 日 10:00 ～ 16:00（周五提早至 14:00）；全年周六不開放

💲 4,000Ft（含導覽）

🚌 Astoria 地鐵站（M2）、Astoria M 公車站（5、7、8E108E、110、112、133E、178）以北 250 公尺；Astoria M 電車站（47、48、49）東北 200 公尺

📷 jewishtourhungary.com

第八區 Budapest Ⅷ. Kerülete

歷史上的文物與人物

　　第八區又稱約瑟夫城，18、19世紀為布達佩斯的郊區範圍，區域由西向東可分為3個部分：與第五區接壤處屬核心地帶，有匈牙利國家博物館及多所大學；其次為正如火如荼進行都更的重劃區（將19世紀的房屋拆除並興建大樓），布達佩斯的大型花園——奧查奇公園（Orczy-park）也坐落於此；最外圍的區域則是火車東站與國家公墓，這裡有為數不少的華人移民，公墓南面的採石場路（Kőbányai út）更形成華商聚落，華人超市、商貿中心、中餐館……中文隨處可見。

 ## 匈牙利國家博物館 Magyar Nemzeti Múzeum

馬札爾人的故事

　　作為展示匈牙利歷史、藝術與考古成果的國家博物館，所在建築由奧匈帝國建築師波拉克（Mihály Pollack）設計，1847年完工，屬新古典主義風格。

國家博物館的成立可追溯到1802年，由費倫茨・塞切尼伯爵（Széchényi Ferenc，伊斯特凡・塞切尼之

父）一手促成，未幾他的妻子朱利安娜（Festetics Julianna）捐贈一批珠寶藏品，收藏性質趨向多元。1807 年，匈牙利國家議會通過立法給予博物館資金挹注，後更撥款 50 萬福林建造新大樓，就是今日所見的規模。館內常設展分布於 3 個樓層，地下室則為境內挖掘的羅馬時期石雕，一樓完整呈現民族遷徙史，二樓是 18 世紀以來的現代史，讓觀者系統性地認識匈牙利民族發展歷程。

`INFO` ···

匈牙利國家博物館

🏠 Budapest, Múzeum krt. 14-16, 1088
📞 +36 1 327 7700
🕐 10:00 ～ 18:00（周一休）
💲 1,600Ft、攝影 500Ft
⭐ 布達佩斯卡享免費入館
🚇 Kálvin tér 地鐵站（M3M4）地鐵站以北 250 公尺；Astoria 地鐵站（M2）以南 350 公尺；Kálvin tér M 公車站（9、15、100E、115、M3）即達
🌐 hnm.hu

景 國家公墓 Fiumei Úti Sírkert

墓仔埔好藝術

國家公墓建成於 19 世紀中，是布達佩斯最接近市中心且最具歷史的大型墓園，知名人士如：1848 年匈牙利革命領導人包賈尼（Lajos Batthyány）、匈牙利民族英雄科蘇特（Kossuth Lajos）、第一任匈牙利民主共和國總統卡羅伊（Mihály Károlyi）、詩人弗洛斯馬提（Mihály Vörösmarty，1885 年下葬，為現存最古老墳墓之一）、詩人翁德雷（Endre Ady）、女演員雅莎伊（Mari Jászai，匈牙利第一悲旦）等多達 700 位各行各業、頂尖人士均長眠於此，其中科蘇特陵為公墓中規模最大、最豪華的一座。

雖是墓園，但由於各陵墓造型優雅，雕刻裝飾精美細膩，步行其中彷彿走進戶外藝廊。園內還有一間以民間墓葬為主題的殯葬博物館（Kegyeleti Múzeum，時間 09:00 ～ 17:00），不僅展示各年代喪禮儀式中使用的靈車、棺木與喪家穿著的服飾等，亦介紹匈牙利人對於死亡的態度觀念和由死亡延伸的藝術作品。

INFO

國家公墓

🏠 Budapest, Fiumei út 16-18, 1086
📞 +36 70 400 8632
🕐 5 月至 7 月 07:00 ～ 20:00；4 月與 9 月 07:00 ～ 19:00；3 月 07:00 ～ 17:30；10 月 07:00 ～ 17:00；11 月至 2 月 07:30 ～ 17:00
💲 免費
🚇 Keleti Pályaudvar 地鐵站（M2M4）地鐵站以南 600 公尺；Dologház utca 電車站（24、24G）即達
🌐 fiumeiutisirkert.nori.gov.hu

體驗佩斯式生活

　　第九區也稱作法蘭茲城，區域發展始於 18 世紀後期；1799 ～ 1838 年間多瑙河多次洪災導致該區建築毀損，房屋建材因此由土坯改為磚石；19 世紀中快速邁向工業化，陸續開設麵粉廠、屠宰場、薩拉米香腸廠與一些化工廠，全市最大的中央市場也落腳於此。由於房價租金相對市中心低廉，且有寬敞的綠化空間，吸引不少年輕受薪階級與外地、外國移民定居，區內也有一些由外籍人士經營的餐館和服飾店。

 自由橋 Szabadság híd

Turul 好威！

　　自由橋全長 333.6 公尺、寬 20.1 公尺，兩端分別為佩斯的主廣場（Fővám tér）與布達的蓋勒特廣場（Szent Gellért tér）；四根橋柱頂端均裝飾名為「Turul」的鳥類青銅雕像，牠是匈牙利古代神話中一種如獵鷹般的猛禽，後演變為國家的象徵。自由橋首建於 1896 年，為布達佩斯第三條橫跨多瑙河的永久橋梁，由匈牙利造橋工程師費基克奇（Feketeházy János）規劃，儘管結構與塞切尼鏈橋不同，但在美觀的考量下，自由橋的總體輪廓仍以鏈橋為模仿對象。開通當日，國王約瑟夫一世出席並安裝最後一根銀鉚釘，因此橋梁最初命名為約瑟夫橋（Ferencz József híd）。1945 年 1 月，自由橋同樣難逃遭戰敗德軍炸斷的厄運，唯戰後很

快展開重建工程，隔年 8 月便開放通車（同時更名為自由橋），為全市首先恢復的一座。長年來，自由橋提供車輛與電車行駛，但隨著交通量日趨沉重、逐漸不堪負荷，所幸問題已在地鐵 M4 通車後獲得相當紓解。

INFO ···

自由橋

🏠 Budapest, Szabadság híd, 1093
🚌 Fővám tér 地鐵站（M4）、Fővám tér M 電車站（2、47、48、49）即達

 布達佩斯中央市場 Központi Vásárcsarnok

布達佩斯廚房

中央市場為布達佩斯最具規模且最古老的室內市場，1897 年竣工，由匈牙利建築師佩克斯（Pecz Samu）規劃，大門採哥德復興式設計，屋頂使用喬納伊瓷器出品的彩色陶瓦，整體建築屬新藝術運動風格。興建中央市場的想法源於布達

佩斯第一任市長卡羅利（Károly Kamermayer），他在完工前一年因病退休，便以公民身分參加市場的揭幕儀式。中央市場在二戰時遭到澈底破壞，直到 1994 年的翻新工程才得恢復昔日榮景，並與倫敦波多貝羅路市集、巴塞隆納聖喬瑟夫市場、土耳其大巴札、巴黎聖圖安跳蚤市場並列「歐洲五大最佳市場」（CNN 旅遊專欄 2013 年報導）。

中央市場共有兩層，一樓攤位主要販售蔬菜、海鮮、肉類等新鮮農漁牧產品、水果與糕點糖果、香料辣椒、托卡伊貴腐酒、公牛血（Egri Bikavér，埃格爾生產的傳統葡萄酒）、魚子醬、鵝肝醬、薩拉米香腸、乾酪起司棒（Túró Rudi，使用茅屋起司製作的匈牙利零食）等加工食品為主，二樓則為餐館和密密麻麻的紀念品店。市場內窗明几淨、通道寬敞，商品陳列整齊、價格清晰，是市民常去、遊客必訪的代表性景點。

INFO ┈┈┈┈┈┈┈┈┈┈┈┈┈┈┈┈┈┈┈┈┈┈┈┈

布達佩斯中央市場

🏠 Budapest, Vámház krt. 1-3, 1093

📞 +36 1 366 3300

🕐 周二至周五 06:00 ～ 18:00；周六 06:00 ～ 15:00；周一 06:00 ～ 17:00（周日休）

🚌 Fővám tér 地鐵站（M4）以東 200 公尺；Fővám tér M 電車站即達

第十三區 Budapest XIII. Kerülete

首都後花園

位在第五區北面的第十三區，因鄰近市中心且無塞車、高租金等壓力，成為首都發展最快的區域。除了佩斯一側，第十三區也包含位於多瑙河中央的瑪格麗特島，遊客可藉陸路（瑪格麗特橋）或水路（渡輪）前往，是市民運動休憩的首選。

布達佩斯彈珠台博物館 Flipper Múzeum

讓我一次玩個夠

「每次去布達佩斯，我都會在彈珠台博物館待 7 個小時，之後手腕疼 3 天，但很值得！」以彈珠台為主題的同名私人博物館，在 Google 評論（4.9 ★）、貓途鷹（5.0）、臉書（5.0 ★）等都獲得極高評價，無論是看熱鬧的外行人或是熱中此道的玩家粉絲，都能盡情享受彈珠台的聲光效果與刺激遊戲。博物館由彈珠台專業玩家巴拉茲（Pálfi Balázs）創立，他在 1970 年代迷上彈珠台，經過數十年的收集，終於 2013 年開設世界首間互動式的彈珠台主題機構。館內目前展示超過130台、橫跨20至21世紀的彈珠台，只要入內參觀，就可不限次數、機台盡情試玩。

INFO ....

布達佩斯彈珠台博物館

🏠 Budapest, Radnóti Miklós u. 18, 1137（地下室）

📞 +36 30 900 6091

🕐 周三至周五 16:00 ～ 00:00；周六 14:00 ～ 00:00；
周日 10:00 ～ 22:00（周一、二休）

💲 3,000Ft

🚌 Nyugati Pályaudvar 地鐵站（M3）西北 700 公尺；
Radnóti Miklós utca 公車站（15、115）即達

📱 flippermuzeum.hu

 瑪格麗特島 Margit-sziget

多瑙河之眼

　　瑪格麗特島是一座位在多瑙河中的紡錘狀島嶼，長 2.5 公里、寬 550 公尺，面積近 1 平方公里。回顧該島的開發史，可回溯到 12 世紀，天主教組織醫院騎士團到此定居，並在島中央興建方濟會修道院（Ferences kolostorrom，現僅存遺址）。

13 世紀時，國王貝拉四世與妻子起誓，若能將匈牙利從蒙古人手中奪回，就讓一名子女獻身宗教，未幾願望成真，其女聖瑪格麗特（Szent Margit，死後封聖，以手持百合與書為象徵）隨即住進位於島上的修院，並堅持一生在此困苦修行，這便是島嶼名稱的由來。16 世紀中，鄂圖曼帝國入侵，島上的修女被迫逃離，教堂、修院遭到摧毀，18 世紀時一度成為達官貴人的度假勝地，1908 年起以公共花園形式對公眾開放。目前，瑪格麗特島為一座大型景觀公園（居民僅個位數），包含旅館、餐廳、野生動物園（4 月至 10 月 10:00 ～ 18:00 開放，冬季關閉）以及體育、遊樂等設施，島上不允許非公務的機動車輛行駛，遊客除徒步遊島，也可在入口處租用協力車或付費搭乘遊園小火車。

INFO ....

瑪格麗特島

🏠 Budapest, Margit-sziget, 1138

🚌 Margitsziget / Margit híd 公車站（26、226）即達

第十四區 Budapest XIV. Kerülete

佩斯之肺

　　第十四區的歷史名稱為 Zugló，是布達佩斯主要的綠地和住宅區，其中以佔地 1.2 平方公里、接近市中心的城市公園（Városliget）面積最廣。遊客造訪第十四區，都不會錯過位在城市公園內的景點，諸如：布達佩斯動物園和植物園、布達佩斯美術博物館、英雄廣場、沃伊達奇城堡及塞切尼浴場等。此外，公園也擁有世界最大的戶外溜冰場（Városligeti Mjégpálya），同樣一片湖水，冬季滑冰、夏季划船，感受冰與水的不同樂趣。

INFO ···

城市公園溜冰場

🏠 Budapest, Olof Palme stny. 5, 1146 　📞 + 36 30 413 9840
🕐 11 月中旬至 2 月中旬平日 09:00 ～ 13:00、17:00 ～ 21:00；
　　周六 10:00 ～ 14:00、16:00 ～ 21:00；周日 10:00 ～ 14:00、16:00 ～ 20:00
💲 平日 1,500Ft、假日 2,000Ft、租賃溜冰鞋 1,800Ft
🚇 Hősök Tere 地鐵站（M1）東北 300 公尺；Hősök tere M 公車站（20E、30、30A、75、79、105、
　　230）東南 400 公尺
📱 mujegpalya.hu

景 布達佩斯動物園和植物園 Fővárosi Állat- és Növénykert

動植物園有段古

　　布達佩斯動物園和植物園（一般簡稱動物園）於 1866 年開放，為全球最古老的動物園之一，園內有超過一千種動物與兩千種植物，每年約 110 萬人造訪。動物園的成立源於一群動物學、地質學、民族誌學者及旅行家的倡議，他們透過發行股票籌資以取得土地，造就動物園的雛型。初期，園內展示的動物主要捕捉自潘諾尼亞平原，也有王室捐贈的長頸鹿等異國珍奇異獸，之後陸續加入獅子、大象、犀牛等大型動物。

　　1907 年，動物園由市政府接管，將園區重新規劃，並在動物學家倫德爾（Adolf Lendl）的主導下，成為歐洲最現代化的動物園。二戰期間，動物園同樣備受摧殘，幸運躲過戰火的動物，也難逃被飢餓的人們吃掉的命運，最終只有 15 隻動物存活。戰後，動物學家克薩巴（Anghi Csaba）獲聘擔任總幹事（1956 ～ 1967），在他的專業主導下，動物園才得以快速復甦。1990 年代，園方在修復歷史建物之餘，也擴大並現代化動物棲地，使園區生態環境更趨自然。

INFO ···

布達佩斯動物園和植物園

🏠 Budapest, Állatkerti krt. 6-12, 1146　　📞 +36 1 273 4900

🕐 5 月至 8 月周一至周四 09:00 ～ 18:00、周五至周日 09:00 ～ 19:00；
　 4 月與 9 月周一至周四 09:00 ～ 17:30、周五至周日 09:00 ～ 18:00；
　 3 月周一至周四 09:00 ～ 17:00、周五至周日 09:00 ～ 17:30；11 月至 2 月 09:00 ～ 16:00

💲 2,800Ft　　⭐ 布達佩斯卡享 25% 折扣

🚇 Széchenyi fürdő 地鐵站（M1）西北 500 公尺；Állatkert 公車站（72）即達；
　 Hősök tere M 公車站東北 400 公尺

🔗 zoobudapest.com

布達佩斯美術博物館 Szépművészeti Múzeum

東歐藝術寶庫

　　1906 年 12 月開幕的布達佩斯美術博物館，由匈牙利建築師席克丹茨（Schickedanz Albert）與赫爾佐格（Herzog Fülöp Ferenc）共同設計，屬新文藝復興兼新古典主義風格，收藏以匈牙利及歐洲藝術為主的繪畫、雕塑等美術品十萬件。二戰期間，建築物遭到嚴重破壞，部分藏品疏散至他處，部分則被蘇聯據為己有。目前，博物館不僅藏有拉斐爾、提香、魯本斯、葛雷柯、羅丹等知名藝術家的作品，更擁有東歐第二多的古埃及收藏，包括較為罕見的木乃伊彩繪石棺。

INFO ···

布達佩斯美術博物館

🏠 Budapest, Dózsa György út 41, 1146　　📞 +36 1 469 7100

🕐 10:00 ～ 18:00（周一休）　　💲 1,200Ft

🚇 Hősök Tere 地鐵站（M1）、Hősök tere M 公車站即達

🔗 szepmuveszeti.hu

英雄廣場 Hősök Tere

城市之心

地處安德拉什大街尾端的英雄廣場，得名於 1929 年在此揭幕的匈牙利英雄石（Hősök emlékköve，紀念第一次世界大戰中為國捐軀的士兵），廣場兩側分別為美術博物館與藝術廳（Mcsarnok），中央立有一座高 36 公尺的千禧紀念碑（Millenniumi emlékm），為布達佩斯市的代表性地標。千禧紀念碑始建於 1896 年，由建築師席克丹茨設計、雕塑家薩拉（Zala György）製作，碑體屬青銅材質、折衷主義風格，為匈牙利建國千年的系列慶祝建設之一（其餘尚有自由橋、大環路、地鐵一號線、國會大廈等）。紀念碑最高處為手持匈牙利王冠和宗主教十字（十字架的變體，上方多一橫槓）的大天使加百列，下方是首位聯合匈牙利各部落的國族創始人阿爾帕德大公與 6

位追隨者的騎馬雕像，左右兩列廊柱則分別為 7 位匈牙利史上重要的統治者和歷史人物。

`INFO` ··

英雄廣場

🏠 Budapest, Hősök tere, 1146　🚌 Hősök Tere 地鐵站（M1）、Hősök tere M 公車站即達

沃伊達奇城堡 Vajdahunyad Vára

城堡其外 · 農業其內

沃伊達奇城堡最初是為慶祝建國一千年而修築，由匈牙利建築師伊格（Alpár Ignác）設計，融合羅馬式、哥德式、文藝復興式、巴洛克式等多種風格。礙於時間緊迫且預算有限，1896年動工時只得先以紙板、木材應急，至 1904～1908 年才用石頭、磚塊等耐用建材重建。為凸顯匈牙利以農立國的特點，城堡興建時便決定在此成立一座「永久性展示農業生產與發展」的現代博物館，1907 年匈牙利農業博物館（Magyar Mezőgazdasági Múzeum）正式對外開放，至今仍是全歐最具規模的農業科普機構。

城堡周圍裝飾不少匈牙利名人的全身或半身雕像，如：撰寫匈牙利中世紀史的匿名者編年史學家（Anonymus，自稱 P.）、主演〈吸血鬼德古拉〉（1931）等多部好萊塢恐怖片的美籍匈牙利演員貝拉 · 盧戈西（Bela Lugosi）……遊覽城堡時也可順道搜尋他們的身影。

`INFO` ....

匈牙利農業博物館

- Budapest, Vajdahunyad vára, 1146
- +36 1 422 0765
- 周二至周五 10:00～16:00；周六與周日 10:00～17:00（周一休）
- 1,200Ft
- Hősök Tere 地鐵站（M1）東北 700 公尺；Hősök tere M 公車站以東 700 公尺
- mezogazdasagimuzeum.hu

名泉摘錄

　　素有「溫泉之都」美譽的布達佩斯，市內有數十間別具風格的浴場，是全球少數擁有豐富溫泉資源的首都城市。傳承自羅馬與土耳其的浴場文化，經過千百年的內化與發展，已成為兼具休閒、醫療、觀光等多重價值的全民愛好。本文精選聖盧卡奇、基拉伊、蓋勒特及塞切尼等 4 座布達佩斯最具代表性的浴場，有的氛圍古典雅致、有的富麗如宮殿、有的宛若置身中東、有的一泡病痛全消⋯⋯無論春夏秋冬何時造訪，都別忘記帶上泳衣泳帽，到浴場好好放鬆一下。

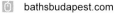 INFO

Baths Budapest

bathsbudapest.com

提供布達佩斯各浴場簡介、門票預購以及各浴場按摩預約、泡湯 FAQ。另有浴場派對的即時資訊，包括舉辦地點（塞切尼或聖盧卡奇浴場）、時間（通常為周六入夜後）與線上購票（票價€ 45 起）等。

匈式泡湯 Step by Step

Step1 選擇票種：浴場票種多元，觀光客最適合單次租用「儲物櫃」（英 locker ／匈 Szekrenýes）或「更衣室」（英 cabin ／匈 Kabinos）兩款。儲物櫃與更衣室皆可上鎖，不同點在前者需至公用個人更衣室換裝，而後者則有屬於自己的獨立更衣兼儲物空間。

Step2 取得手環：購票後，會取得一個感應手環，是進入浴場、打開／鎖上儲物櫃／更衣室的感應憑證。請注意保管，若丟失將需賠款。

Setp3 前往更衣：租用儲物櫃者，上面會有一個圓形的凸起處，未被租用的櫃子可直接打開，放入物品後關門，將開關轉至上鎖，再於凸起感應手環即可上鎖；租用更衣室者，則分為將手環交給櫃檯人員詢問更衣室號碼與以手環感應自動開啟兩種，其餘步驟和儲物櫃相同。

Step4 洗淨入浴：換好泳衣後，以淋浴方式清洗全身再入浴池。游泳池須戴泳帽，溫泉池可戴可不戴，長髮者須將頭髮紮起綁好。

Step5 離開浴場：記得攜帶隨身物品，依浴場標示流程歸還感應手環。

匈式泡湯 Q&A

Q 需要攜帶哪些東西？

A 需自備泳衣、泳帽、浴巾、拖鞋和肥皂、洗髮精等簡易盥洗用品，以及防水小錢包（泡湯時隨身攜帶）。雖都可在現場租用（參考價毛巾 1,000Ft、押金 2,000Ft；泳衣 2,000Ft、押金 2,000Ft），但人多時須排隊等候。浴場均設置可免費使用的吹風機，部分亦提供收納泳衣的塑膠袋。

Q 需要穿泳衣嗎？浴場有什麼著裝要求？

A 溫泉浴場內的泳池、浴池、三溫暖室、蒸氣房等大眾空間須穿著泳裝，女性為連身泳裝或比基尼、男性則是泳褲；在泳池內需要戴泳帽，其餘則免。進行按摩時，也以穿著泳衣為主。

Q 可以在浴場拍照嗎？

A 浴場內允許拍照攝影（僅少數如基拉伊浴場等明令禁止），但請盡量拍攝全景（不具針對性），如現場有人表示不願意入鏡，也請尊重他人隱私。

Q 貴重物品鎖在儲物櫃或更衣間安全嗎？

A 浴場內不常發生竊盜事件（多為當事人忘記上鎖），管理人員對出入也有管制，善盡監督職責。如仍擔心護照、信用卡等貴重物品遭竊，可將其妥善收於旅館內，僅攜帶少量現金、手機、護照影本等前往。

Q 什麼時間人潮最少／多？

A 平日清晨（06:00～08:00）與上午 10:00 左右、中午 12:00 前後，是浴場最清幽的時段，而每日傍晚（部分浴場 17:00 或 18:00 後有門票折扣）與假日全天則屬高峰。

聖盧卡奇浴場 Szent Lukács Gyógyfürdő

羅馬人也按讚

　　聖盧卡奇為市內最古老的一座溫泉浴場，早在西元 1 世紀、羅馬帝國時期，便已運用此地的泉水治癒士兵；鄂圖曼土耳其帝國統治期間，也在這裡設置水療中心。浴場名稱的由來有幾種說法，其中因醫療效果顯著而以天主教「醫務工作者和醫院的主保聖人」聖路加（Szent Lukács）命名的可能性最高。聖盧卡奇浴場的設施依照健康、治療、運動 3 種功能劃分，各池水溫度在 24℃～40℃間，也提供芳香按摩、頭部按摩（4,100Ft ／ 2 小時）及雙人獨立湯屋（8,500Ft ／ 3 小時）等附加服務。

　　聖盧卡奇浴場的溫泉藥效已獲得醫學證實，泉水內含有碳酸氫鹽、硫酸鹽、氯化物、氟化物與游離碳酸等成分，對關節退化性疾病、慢性關節炎、椎間盤突出、神經痛等皆有助益。相較遊客趨之若鶩的塞切尼和蓋勒特浴場，聖盧卡奇環境清幽、水質佳，不僅是本地人泡湯療養的世外桃源，甚至連喝下肚也能改善消化道潰瘍等內臟隱患。

浴場管理佳，相機等貴重物品鎖在置物櫃中可稱安全，如仍有疑慮亦可隨身攜帶，置於浴池、泳池旁的椅子上就近照顧，只是相對費神。就筆者經驗，租用儲物櫃已十分夠用，公共個人更衣室也十分乾淨清潔。離開前，需先將手環投入機器再過閘門，再持手環到購票櫃台取回手環押金 1,000Ft。

INFO ···

聖盧卡奇浴場

🏠 Budapest, Frankel Leó út 25-29, 1023
📞 +36 1 326 1695　　🕐 06:00 ～ 22:00
💲 儲物櫃 2 小時 2,700Ft、平日 3,700Ft、假日 3,900；更衣間 2 小時 3,100Ft、平日 4,100、假日 4,300（平日 18:00 後儲物櫃 3,000Ft、更衣間 3,700Ft）
⭐ 布達佩斯卡免費入場一次
🚃 Margit híd, budai hídfő 城鐵站（H5）西北 400 公尺；Szent Lukács Gyógyfürdő 電車站（17、19、41）即達
🔍 瑪格麗特橋、瑪格麗特島　　📱 lukacsfurdo.hu

基拉伊浴場 Király Gyógyfürdő

帝國的遺產

16 世紀落成的基拉伊浴場，為鄂圖曼帝國統治布達期間修建，浴場內可見土耳其式天井、八角形浴池等土耳其建築特徵，蘊含濃厚伊斯蘭色彩。鄂圖曼帝國戰敗撤離後，浴場於 1796 年由柯尼格家族（König）接管，在保留舊有基礎的前提下，將浴場重建為今日所見的形式，而浴場的名稱也是源自於該家族的姓氏，即德文 König ＝英文 King ＝匈牙利文 Király。

特別的是，基拉伊浴場的所在位置沒有溫泉，而是引自聖盧卡奇浴場附近的地下水源，浴場內的 4 座浴池溫度介於 26℃～ 40℃，水中富含鈣、鎂、碳酸氫鹽、硫酸鹽與大量氟離子，適用於治療慢性關節疾病、慢性或急性關節炎、脊柱畸形、神經痛與傷後復健。除了三溫暖、蒸氣浴、水療，浴場也提供多種紓壓按摩服務，收費在 3,300Ft（芳療按摩 20 分）～ 5,200Ft（香燻按摩 40 分）間，以及雙人獨立湯屋（4,200Ft ／ 2 小時）和私人三溫暖（6,400 ／ 2 小時）。浴場內空間小、照明有限、熱氣蒸騰，令人感受與其他觀光浴場迥異的歷史氛圍。需格外注意的是，不同於其他浴場，基拉伊浴場嚴禁攝影，現場工作人員對此非常重視，請務必遵守規定。

INFO ··

基拉伊浴場

🏠 Budapest, Fő u. 84, 1027　　📱 +36 1 202 3688
🕐 09:00 ～ 21:00
💲 儲物櫃 2, 500Ft、更衣間 2,800Ft（14 歲以下禁止進入）
⭐ 布達佩斯卡享 20% 折扣
🚇 Batthyány 地鐵站（M2）以北 500 公尺；Bem József tér 電車站（19、41）西南 200 公尺；Bem József tér 公車站（109）即達
🔍 瑪格麗特橋、瑪格麗特島　　🌐 kiralyfurdo.hu

 蓋勒特浴場 Gellért Gyógyfürdő

泡藥泉 · 治宿疾

1918 年開業的蓋勒特浴場，與蓋勒特丹鳥比斯酒店（Danubius Hotel Gellért）相連，建築屬新藝術運動分支的維也納分離派風格。二戰期間，女子浴

場部分遭到轟炸，喬納伊陶瓷磚門面與木製更衣室等設施盡毀，戰後礙於經費困難只得簡約重建，直到 2007 年 1 月至 2008 年 4 月，才在參考早期文獻、保留原始風格與更新現代化設備的前提下，進行全面改造，使浴場得以重現昔日風華。蓋

勒特浴場的水源來自蓋勒特山的溫泉，水中含有鈣、鎂、碳酸氫鹽、鹼、氯化物、硫酸鹽、氟化物等豐富礦物質，有助於改善退化性關節疾病、神經痛、血液循環障礙與慢性支氣管炎等呼吸道問題。實際上，早在 13 世紀就發現這裡的溫泉具有療效，中世紀時曾開設醫院，鄂圖曼帝國統治時期也在此設置浴場，並讚其是「神奇的治癒之泉」。

蓋勒特浴場的入口位於面向酒店的右側，共有 12 座浴池，按面積大小依序是：露天波浪泳池（面積 500 ㎡／水溫 26℃／水深 0.4m～2.75m，每 10 分鐘產生一次人造海浪，僅夏季開放）、室內泳池（246 ㎡／27℃／0.8m～2m）、室外溫泉池（94 ㎡／36℃／1m）、室內溫泉池（60 ㎡／36℃／1.05m）及 8 座介於 35℃～40℃ 的水療池，浴場也提供按摩、修腳、裸曬日光浴（1,800Ft／日）、雙人獨立間 spa 水療（16,000Ft／2 小時）等服務。進入浴場需自備泳衣、泳帽、毛巾、拖鞋，或可在現場購買或租借，浴場內 3 樓為高級更衣間、2 樓是普通更衣間、1 樓則為儲物櫃，平日 17:00 以後與周末假日人潮洶湧，建議可避開上述時段前往（一般越早人越少）。附帶一提，入住蓋勒特丹烏比斯酒店可享一次免費溫泉，鑑於票價所費不貲，如行程允許也可在此住宿一晚，相形划算許多。

INFO ·······································

蓋勒特浴場

🏠 Budapest, Kelenhegyi út 4, 1118　　📞 +36 1 466 6166

🕐 06:00 ～ 20:00

💲 儲物櫃平日 5,600Ft、假日 5,800Ft；更衣間平日 6,000Ft、假日 6,200Ft

⭐ 布達佩斯卡享 20% 折扣

🚇 Szent Gellért tér 地鐵站（M4）西北 150 公尺；
Szent Gellért tér M 電車站即達

📍 聖蓋勒特廣場（Szent Gellért tér）、自由橋、蓋勒特山

🌐 gellertfurdo.hu

景

塞切尼浴場 Széchenyi Gyógyfürdő

泡湯下棋好愜意

　　興建塞切尼浴場的想法始於 1884 年，1909 年開始著手興建，浴場最初由匈牙利知名建築師克齊格勒設計，屬新巴洛克風格；克齊格勒去世後，德勒薩克（Dvorzsák Ede）等人接手，並改採文藝復興與新古典主義風格。塞切尼浴場在 1913 年 6 月投入營運，首年即創下 20 萬人入場紀錄，1919 年更達到 89 萬人之譜，1927 年擴建至今日所見的歐洲最大浴場規模。

　　塞切尼浴場的水源來自兩次不同時期進行的鑽探工程，第一次為採礦工程師維爾莫斯（Zsigmondy Vilmos）於 1868 ～ 1878 年間自地底 970 公尺處鑽出的 74.5℃溫泉，第二次是地質學家弗朗西斯（Pávai-

Vajna Ferenc） 在 1936 ～ 1938 年 於 1,256 公尺深井挖掘的 77℃歐洲最熱泉源。溫泉的主要成分有碳酸氫鹽、硫酸鹽、鈣、鎂、鉀、氟化物與偏硼酸等礦物質，對緩解退化性關節疾病、慢性或急性關節炎與筋骨創傷後復建均有療效。

　　塞切尼浴場的最大特色，是位於戶外的 3 座大型戶外泳池，不只能享受露天溫泉（水溫介於 27 ～ 38℃）、體驗水柱按摩 SPA 與水中渦流，更可一睹傳說中的經典畫面──邊泡溫泉邊下西洋棋的悠哉歐吉桑！如果無法泡湯又想入內朝聖，浴場也有提供約泡湯價三分之一的純參觀票（每日 10:00、12:30、15:00 共 3 梯次，15 分鐘英文導覽團），展現既是浴場又是景點的複合價值。

`INFO` ···

塞切尼浴場

🏠 Budapest, Állatkerti krt. 9-11, 1146

📞 +36 1 363 3210

🕐 泳池與蒸氣浴 06:00 ～ 22:00、溫泉 06:00 ～ 19:00

💲 儲物櫃平日 5,200Ft、假日 5,400Ft；更衣間平日 5,700Ft、假日 5,900Ft（06:00 ～ 08:00 與 19:00 後折扣 300Ft）、參觀票 2,000Ft

⭐ 布達佩斯卡享 20% 折扣

🚇 Széchenyi fürdő 地鐵站（M1）、Széchenyi fürdő M（72）公車站即達

🔍 城市公園、布達佩斯動物園和植物園、布達佩斯美術博物館、英雄廣場、沃伊達奇城堡、安德拉什大街

📷 szechenyifurdo.hu

布達佩斯
美食攻略

　　身在美食薈萃的首都，嘗遍匈牙利的經典美食可謂易如反掌，加上價位親民的優勢，即使小資男女也能享受「無痛上館子」的爽吃樂趣！整體而言，當地的調味較臺灣重，餐點不分鹹甜一律份量滿滿，絕對讓人「捧腹而歸」。

 ## 黃金魚子醬餐廳 Arany Kaviár Étterem

花園裡的東歐佳餚

　　開幕於 1990 年的黃金魚子醬餐廳，是以俄羅斯及東歐料理為主題的餐酒館，店內裝潢走俄國沙皇時期的宮廷典雅路線。來自莫斯科的名廚薩沙（Nyíri Szása），自 1997 年起擔任主廚兼行政總廚，他致力推廣俄羅斯傳統美食，最擅長處理鱘魚子醬（產自匈牙利和西伯利亞）、松露及各種魚類。單點之外，餐廳也提供包括開胃菜（沙拉或湯）、主餐（肉類或鮮魚）與甜點（錫爾尼基 Syrniki，以奶渣製作的俄式烤薄餅）的午間套餐（5,900Ft 含 0.75L 水資、不含 12% 服務費），偏好魚料理的饕客則可試試包含五道海鮮菜式的匈牙利魚菜單，品嘗主廚精心研發的「匈牙利魚世界」。除了美味餐點，黃金魚子醬餐廳的酒單也備受米其林評審推崇，在指南中給予「特別有趣」的評論與三叉匙的高評價。

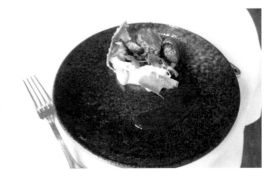

INFO ·····

黃金魚子醬餐廳

- 🏠 Budapest, Ostrom u. 19, 1015
- 📞 +36 1 201 6737
- 🕐 12:00 ～ 14:30、18:00 ～ 22:30（周一休）
- 💲 午間套餐 5,900Ft、匈牙利魚菜單套餐（午／晚）14,900Ft ／ 30,000Ft、開胃菜 3,500Ft 起、主菜 4,900Ft 起； 人均 6,800Ft ～ 35,000Ft
- 🚇 Széll Kálmán tér 地鐵站（M2）以東 250 公尺； Mátray utca 公車站（16、16A、116）以北 200 公尺
- 🔍 維也納門　📱 aranykaviar.hu（含線上訂位）

🍴 匈牙利琴酒吧 Hungarikum Bistro

回味舊「食」光

　　供應道地匈牙利傳統料理的琴酒吧，是一間風格溫馨舒適的家庭式餐館，食客不只能在此品嘗美味的食物與精選的美酒，還可欣賞匈牙利琴（又稱欽巴隆琴 Cimbalom，以兩支琴棒敲打弦線產生旋律，與中樂的揚琴系出同門、發源於中東一帶）的現場演奏。入座後，除了送上自製麵包，也會附上一盤三款的辣椒小碟（青椒、乾紅椒與辣椒醬），展現匈牙利人無辣不歡的飲食習性。

　　在保持傳統的前提下，琴酒吧的菜色口味濃郁，經典的匈牙利牛肉湯（1,400Ft）料多實在，裡面還有增加飽足感的迷你麵（csipetkével）；而匈牙利常見的鴨腿料

理，這裡則是以酥炸的方式呈現（Ropogós kacsacomb hagymás tört krumplival, párolt káposztával，2,550Ft），鴨肉保有香韌嚼勁，與配菜薯泥、醃菜營造多層次口感；其餘牛、雞等肉類主餐及自製麵食同樣分量很足、口味偏重，適合與沁涼啤酒一塊下肚。酒足飯飽，再以紮實香甜的媽媽流肉桂蘋果派佐香草醬（Fahéjas-almás pite vaníliaszósszal，950Ft）作結，便是最道地的匈式家鄉味。

INFO

匈牙利琴酒吧

- Budapest, Steindl Imre u. 13, 1051
- +36 30 661 6244
- 11:30～15:00、18:00～23:00
- 套餐 4,690Ft、主餐 2,300Ft 起、開胃菜 1,350Ft 起、沙拉 750Ft 起、湯品 1,100Ft 起、甜點 950Ft 起；人均 4,000Ft～6,000Ft
- Kossuth Lajos tér 地鐵站（M2）、Kossuth Lajos tér M 電車站以南 400 公尺
- 自由廣場、月亮街農夫市集、匈牙利國會大廈
- hungarikumbisztro.hu（含線上訂位）

 Costes Downtown

星級商業午餐

2015 年開幕的 Costes Downtown，為格雷沙姆宮（現由四季飯店經營）內高級餐廳 Costes 的副牌，僅一年就以「精緻高品質且隨季節變化的菜餚及很棒的商業午餐」獲得米其林一星肯定。Costes Downtown 的可貴在不只供應動輒數千台幣的主廚創意料理，也有價位親民的商業午餐（平日 12:00～15:00 供應，6,900Ft 不含 12% 服務費與水資 1,400Ft），套餐包括開胃菜（蔬菜沙拉、烤海苔佐鯛魚醬、烤鴨肝）、主菜（羊奶起司燴飯、烤鮭魚、紅燒牛腩）、甜點共三道，樣數不多但份量滿足，以米其林星級餐廳而言，可謂物超所值。

INFO ···

Costes Downtown

🏠 Budapest, Vigyázó Ferenc u. 5, 1051　📞 +36 1 920 1015
🕐 06:30 ～ 10:30、12:00 ～ 15:00、18:00 ～ 23:00
💲 早餐套餐 6,500Ft 起、平日商業午餐 6,900Ft、鵝肝 3,200Ft、鴨腿 3,800Ft、
　晚餐四道菜（3 菜 1 甜點）22,000Ft、晚餐六道菜（4 菜 2 甜點）48,000Ft；
　人均 8,500Ft ～ 50,000Ft
🚇 Kossuth Lajos tér 地鐵站（M2）以南 650 公尺；
　Széchenyi István tér 電車站以東 200 公尺
🔍 格雷沙姆宮、塞切尼鏈橋、自由廣場、聖史蒂芬大教堂、伊麗莎白廣場
💻 costesdowntown.hu（含線上訂位）

 # 玫瑰花冰舖 Gelarto Rosa

冰花點燃少女心

　　2005 年開幕的玫瑰花冰舖，以玫瑰造型的手工義式冰淇淋打開知名度，是遊客必訪的 IG 打卡熱點。冰舖從招牌到門外看板處處以玫瑰花冰淇淋為號召，不只造型夠萌，用料亦標榜新鮮無添加，超過七成產品以當地食材製成。購買時，可自行挑選 2 至 4 種口味的冰淇淋，或請店員代為搭配（只需告知偏好水果或乳霜風味），再由店員以冰鏟俐落抹出片片花瓣，越多口味做成的玫瑰花越多層，顏色變化越繽紛。除了義式冰淇淋，店內也販售各式糕餅甜點與咖啡飲品。

由於玫瑰花冰舖知名度極高，加上製作花瓣相對費時，導致店外經常大排長龍。如不耐久候或時間有限，也可試試附近同樣供應玫瑰花冰的 Gelarto Bistro（Sas u. 11，08:00 ～ 20:00），滋味同樣可圈可點。

> **INFO** ···

玫瑰花冰舖

- 🏠 Budapest, Szent István tér 3, 1051
- 📞 +36 70 383 1071
- 🕐 10:00 ～ 22:00
- 💲 冰淇淋小／2 種口味 650Ft、冰淇淋大／4 種口味 850Ft、馬卡龍 1,200 ／ 200g；人均 650Ft ～ 1,500Ft
- 🚌 Bajcsy-Zsilinszky 地鐵站（M1）西北 300 公尺
- 🔍 聖史蒂芬大教堂、伊麗莎白廣場、地鐵博物館、安德拉什大街
- 📱 gelartorosa.com

 # 如家小館 Comme Chez Soi

夢幻煎鵝肝

如家小館以高 CP 值的義大利、地中海及匈牙利料理廣受歡迎，連年在貓途鷹的布達佩斯餐館評比中名列前茅，不僅餐點、服務、氣氛皆屬一流，因應與日俱增的華人來客，服務生還會以簡單的中文溝通。料理方面，招牌料理如：煎鵝肝佐燉蘋果（Grillezett libamáj almával tepsiben tálalva，6,900Ft）、紅酒燉

牛肉（Vörösboros marharagu，3,900Ft）、韃靼牛排（Tatár Beafsteak，4,900Ft）與蒜香明蝦（Scampi fokhagymás olajban sütve，4,900Ft）人氣最旺，其中煎鵝肝外焦脆內鮮嫩，完美展現主廚對火侯拿捏的精準功力，是老饕最推的頂級王牌。至於匈牙利必見的牛肉湯（1,900Ft），濃醇美味之餘，牛肉更是多到「嫑嫑的」非常划算！餐館空間不大，僅放置 8 到 10 張餐檯，用餐時段經常座無虛席，如確定到訪時間請先寫信至 commechezsoi@gmail.hu 預訂，以免向隅。

INFO

如家小館

🏠 Budapest, Aranykéz u. 2, 1051
📞 +36 1 318 3943
🕐 周二至周六 12:00 ～ 23:30
💲 主餐 3,900Ft 起、開胃菜 1,900 起、義大利麵 2,900Ft 起、湯品 1,500Ft 起、沙拉 1,900Ft 起、甜點 1,400Ft；人均 5,000Ft ～ 7,500Ft（僅接受現金）
🚌 Vörösmarty tér 地鐵站（M1）以南 400 公尺
🔍 瓦茨街
📷 commechezsoi.hu

食 美味宮咖啡館 Szamos Gourmet Ház

殿堂級杏仁糖

　　1935 年創業的 Szamos，為家族經營的巧克力暨甜點品牌，同名咖啡館位於前身是布達佩斯證交所的華麗建築內，以種類繁多的精緻糕點與簡餐輕食廣受好評。店內裝潢古典貴氣、寧靜宜人，除了透過玻璃櫥窗欣賞花樣繽紛的傳統甜點，亦別錯過品嘗 Szamos 的人氣招牌商品——杏仁糖（Marcipán）。值得一提的是，匈牙利國內八成的杏仁糖皆由 Szamos 製造，其調配的黃金比例—— 63% 杏仁十 37% 糖，更被視為最佳配方。作為許多歐陸國家常見的甜點，杏仁糖被大量應用在蛋糕、餅乾、麵包與巧克力中，也會將杏仁糖加入麵糰內，捏製成各種造型的杏仁糖偶。

　　除了咖啡館，Szamos 也在國會大廈旁開設一間以巧克力為主題的博物館

（Szamos Csokoládé Múzeum）。遊客不僅能以平實的價格嘗到高品質的巧克力，也可透過網路報名館方設計的 1 小時「巧克力之旅」（收費 3,500Ft），認識巧克力從原料到成品的完整製作過程。

`INFO`

美味宮咖啡館

- Budapest, Váci u. 1, 1052
- +36 30 570 5973
- 10:00 ～ 21:00
- 人均 2,000 Ft ～ 3,500Ft
- Deák Ferenc tér 地鐵站（M1M2M3）西南 300 公尺；
  Vörösmarty tér 地鐵站（M1）以南 100 公尺
- 瓦茨街、伊麗莎白廣場、地鐵博物館
- szamos.hu

巧克力博物館

- Budapest, Kossuth Lajos tér 10, 1055
- + 36 30 746 6995
- 10:00 ～ 18:00
- Kossuth Lajos tér 地鐵站（M2）、Kossuth Lajos tér M 電車站即達
- 科蘇特廣場、匈牙利國會大廈、伊麗莎白廣場
- csokolademuzeum.hu

 ## 莫爾納煙囪捲 Molnár's Kürtőskalács

圈圈甜滋味

布達佩斯街邊隨處可見的煙囪捲（Kürtskalács），因形狀為圓柱體且出爐時冒著騰騰熱氣而得名，歷史最早可追溯至 15 世紀中，是匈牙利最具代表性的國民甜品。煙囪捲的製作工序並不複雜，麵包師傅先將發酵甜

麵糰纏繞於圓柱鐵棒，塗抹奶油、沾糖粒，再置於炭火架上滾動烘烤，當表面呈現金黃酥脆便可取下。除了原味，撒上碎核桃與肉桂粉的調味版也很受歡迎。

　　位於瓦茨街上的莫爾納煙囪捲是以煙囪捲、手工冰淇淋聞名的糕點店，遊客可透過玻璃窗觀賞煙囪捲的製作過程。儘管價位是路邊攤的翻倍，但因用料實在、新鮮現製而受到好評。店內提供杏仁、香草、肉桂、胡桃、椰子、可可粉、罌粟籽、巧克力等 8 種選擇，如對口味難以取捨，莫爾納也有提供「一捲雙拼」的貼心服務。

INFO ··

莫爾納煙囪捲

 Budapest, Váci u. 31, 1052
　 +36 1 407 2314
　 09:00 ～ 22:00
　 一捲 990Ft、Espresso360Ft、拿鐵 510Ft、冰咖啡 840Ft
　 人均 1,000Ft ～ 2,000Ft
　 Ferenciek tere 地鐵站（M3）以西 250 公尺、Ferenciek tere M 公車站（5、7、8E、108E、110、112、133E、178）以西 100 公尺
　 瓦茨街、伊麗莎白橋、方濟各會廣場（Ferenciek tere）
　 kurtoskalacs.com

食 百年麥當勞 McDonald's Nyugati

速食店也能美美的

　　毗鄰火車西站、1988 年開幕的麥當勞，不僅是東歐第一家分店，更有「世界最美麥當勞」的稱號。麥當勞位於由法國艾菲爾公司設計建造、1877 年完工的古蹟內，整體屬強調對稱、宏偉的布雜藝術風格

（概念來自古希臘羅馬建築），並融入巴洛克元素，華麗的挑高屋頂搭配造型簡約古典的桌燈，乍看就像美輪美奐的歐式圖書館。匈牙利麥當勞的定價較臺灣略高，店內洗手間採收費制（150Ft），憑消費收據可免費使用。

INFO ··

百年麥當勞

🏠 Budapest, Teréz krt. 55, 1062
☎ + 36 30 680 5002
🕐 周一至周四 05:00 ～ 00:00、周五 05:00 ～ 02:00、
　 周六 06:00 ～ 02:00、周日 06:00 ～ 00:00
💲 人均 500Ft ～ 1,500Ft
🚇 Nyugati Pályaudvar 地鐵站（M3）、Nyugati pályaudvar M 電車站即達
🔍 布達佩斯彈珠台博物館

 # 佩斯豬小酒館 Pesti Disznó Bisztró

暢食綿羊豬

　　獲得米其林「餐碟符號」（L'Assiette MICHELIN，代表簡單良好的食物）的佩斯豬小酒吧，是一間以匈牙利曼加利察豬料理聞名的餐酒館，廚師除了運用高品質的食材循傳統手法烹調正宗匈牙利菜式，亦會根據

時令轉換變化菜色。除了豬里肌（Mangalicakaraj，4,390Ft）、烤豬排骨（Sült oldalas，3,690Ft）、脆皮豬腳（Ropogós malaccsülök，3,890Ft）、紅燒豬頸肉（Brezírozott sertéstarja，3,190Ft）等不同部位的豬肉菜色，也有匈牙利牛肉湯（1,690Ft）、鵝肝醬（Libamáj-terrine，2,790Ft）與烤鴨胸（Kacsamell roston sütve，4,490Ft）等匈牙利招牌菜，搭配超過 30 款的精選葡萄酒，成就一場豐盛愉悅的飲食盛宴。

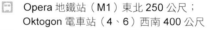 **INFO**

佩斯豬小酒館

🏠 Budapest, Nagymező u. 19, 1063
📞 +36 1 951 4061
🕐 09:00 〜 00:00
💲 主餐 3,190Ft 起、開胃菜 2,390Ft 起、沙拉 1,490Ft 起、
　 湯品 1,190Ft 起、甜點 990Ft 起、早午餐 1,690Ft；
　 人均 1,500Ft 〜 6,000Ft
🚌 Opera 地鐵站（M1）東北 250 公尺；
　 Oktogon 電車站（4、6）西南 400 公尺
🔍 安德拉什大街、匈牙利國家歌劇院
📷 pestidiszno.hu（含線上訂位）

 ## 紐約咖啡館 New York Café

咖啡有值 ‧ 氛圍無價

坐落於布達佩斯博斯克羅酒店（Boscolo Budapest Hotel）內的紐約咖啡館，以富麗堂皇、精緻細膩的內部裝飾贏得世界最美讚譽。飯店與咖啡館所在的建築——紐約宮（New

York-palota），最初由美國紐約人壽保險公司委託建造，匈牙利建築師阿拉喬斯（Hauszmann Alajos）設計，整體屬折衷主義風格，1894 年落成時共有四層、一樓即為紐約咖啡館。20 世紀初，咖啡館成為作家、報社編輯和藝文人士經常流連場所，二戰期間遭受損害，戰後雖有重新開放卻未能恢復過去榮景。

2001 年，義大利博斯克羅集團將建物全面翻修，2006 年重新開幕，除開設規模宏偉的五星級飯店，更志在恢復紐約咖啡館金碧輝煌的昔日榮景。時至今日，來客只需花一杯咖啡的費用，就能品嘗累積百年的歷史深度與典雅氣息。需提醒的是，店內餐點、飲料份量都偏大，圖片上的小蛋糕實際毫不迷你且口味濃郁，美式咖啡同樣滿滿一壺，正常食量者建議可考慮兩人一份。

INFO ·····

紐約咖啡館

🏠 Budapest, Erzsébet krt. 9-11, 1073
📞 +36 1 886 6167　🕐 08:00 ～ 00:00
💲 雙人招牌甜點 13,500Ft、雙人英式下午茶 18,000Ft、單人甜點飲品 5,400Ft 起、巧克力蛋糕 2,700Ft、美式咖啡 1,950Ft、漢堡 5,400Ft；
人均 2,500Ft ～ 7,500Ft
🚃 Blaha Lujza tér 地鐵站（M2）、Blaha Lujza tér M 電車站（4、6）、Blaha Lujza tér M 公車站（5、7、7E、110、112、178）以北 200 公尺
🔍 菸草街會堂
🌐 newyorkcafe.hu（含線上訂位）

 # 辣胃吧 Bors Gastro Bar

濃湯長棍打天下

名列貓途鷹布達佩斯餐廳評價亞軍的辣胃吧，地處第七區（即猶太區）酒吧街中段，毗鄰廢墟酒吧始祖——簡單花園。開業幾年，就以杯裝濃湯與熱壓長棍堡（Baguette）闖出名號，每天排隊人潮絡繹不絕，店內僅供立食、空間有限，不少人直接站在門口大快朵頤。由於兩位老闆都是星戰迷，店內裝潢便以星際大

戰為主軸，員工親切活潑、默契十足，洋溢青春無敵的凝聚力。

辣胃吧的長棍堡餡料多元、富含創意，其中以「French Lady」（雞胸肉、洋蔥、切達起司與藍莓醬）和「Bors Dog with sausage」（德國香腸、起司、洋蔥與燈籠辣椒）人氣最旺，經過熱壓烘烤的長棍堡外酥脆、內鹹香，融化的起司更是令人難以抗拒。至於看似小小一杯的現煮濃湯，則是「可加水稀釋 5 倍」的 espresso 特濃版本，口味從野菇、奶油、辣椒雞肉到蜂蜜芥末豬肉、辣味椰奶南瓜、法式焦糖芥末肉醬……或純粹或複合任君挑選。除此之外，店內甜點同樣用料紮實，吃完鹹食，不妨以綿密順口的冰淇淋畫下完美句點。

INFO ···

辣胃吧

🏠 Budapest, Kazinczy u. 10, 1075
🕐 11:30 ～ 21:00
🚌 Astoria 地鐵站（M2）東北 450 公尺；
　　Uránia 公車站（5、7、8E、108E、110、112、133E、178）西北 200 公尺
🔍 菸草街會堂

📞 +36 70 935 3263
💲 1,500Ft ～ 2,500Ft

📷 facebook.com/pg/BorsGasztroBar

簡單花園 Szimpla Kert

廢墟酒吧 · 老而彌「潮」

由舊工廠改建的簡單花園，是一間半露天的咖啡館兼夜店，乍看亂無章法、光怪陸離，實際卻創意滿滿、別有洞天。簡單花園為這類「廢墟酒吧」（ruin pubs）的先驅，2000 年當時的發起團隊見當地有

不少荒廢的空地與建物，便邀請藝術家裝飾空間、架設舞池與吧檯，隔年開始對外營業。很快地，簡單花園隨興奔放、嬉皮另類的氛圍成功引爆話題，加上孤獨星球（Lonely Planet）2012年將其選入世界100最美麗第3名，網路傳遞與旅遊大腕的推波助瀾，不只使本店生意火熱，也引來同業仿效（單布達佩斯市內就有數十間風格類似的酒吧），創始店更成為觀光客必訪的朝聖地。

　　簡單花園內的擺設多是旁人丟出的廢棄物，經過藝術家的拼湊與修復，再以截然不同的潮態重現。除了酒吧，簡單花園每周日09:00～14:00也將空間出讓給露天農夫市集使用，販售自產自銷的蔬果肉類、起司香腸、蜂蜜麵包、辣椒粉等新鮮食材，展現夜生活之外的朝氣活力。

INFO ....

簡單花園（廢墟酒吧）

🏠 Budapest, Kazinczy u. 14, 1075
📞 +36 20 261 8669
🕐 周一至周四及周六 12:00 ～ 04:00、
　 周 10:00 ～ 04:00、周 09:00 ～ 05:00
💲 600Ft ～ 2,000Ft
🚌 同辣胃吧
🌐 szimplakert.business.site

小杜鵑餐館 Kiskakukk Étterem

百年老店傳統味

　　20 世紀初期，奧匈帝國統治下的布達佩斯市民十分注重生活品質和口腹之慾，當時人們可以為了吃美食不辭千里，1913 年開幕的小杜鵑便是在如此「崇尚享受」的風氣下誕生。儘管百年來歷經不少坎坷，餐廳依舊堅守傳統，從裝潢、服務到餐點都不遜於米其林等級。來到小杜鵑，必不能錯過主廚精心烹調的匈牙利料理，像是：匈牙利鯰魚湯（Halászlé harcsából csészében，1,290Ft）、匈牙利牛肉湯（1,390Ft）、熱開胃菜——鵝肝烤蘋果佐托卡伊貴腐酒醬（Libamáj roston sült almakarikával, tokaji mártással，3,290Ft）、將整條魚立著上桌的主菜——烤全鱒魚（Egészben sült pisztráng pirított mandulával, mediterrán burgonyával és párolt zöldségekkel，3,590Ft）、脆皮烤鵝腿（Ropogós libacomb hagymás törtburgonyával és párolt káposztával，3,790Ft）與內含肉桂蘋果餡料的匈牙利米布丁（Kiskakukk palacsinta vanília öntettel，990Ft）等，餐點量足味濃、價位適中，是品嘗匈牙利菜的首選之一。

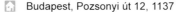

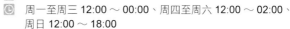

INFO

小杜鵑餐館

🏠 Budapest, Pozsonyi út 12, 1137
📞 +36 1 786 3439
🕐 周一至周三 12:00 ～ 00:00、周四至周六 12:00 ～ 02:00、周日 12:00 ～ 18:00
💲 主菜 2,890Ft 起、開胃菜 2,190Ft 起、沙拉 990Ft、湯品 990Ft 起、甜點 1,190Ft 起；人均 4,500Ft ～ 7,500Ft
🚇 Nyugati Pályaudvar 地鐵站（M3）西北 1 公里；Jászai Mari tér 電車站（4、6）以北 350 公尺；Jászai Mari tér 公車站（6、9、26、91、191、291）以北 450 公尺
🔍 瑪格麗特橋、瑪格麗特島、布達佩斯彈珠台博物館
🌐 kiskakukk.hu（含線上訂位）

布達佩斯

購物指南

　　手繪瓷器、紅椒粉、托卡伊貴腐酒、埃格爾公牛血、刺繡桌巾……想一次買齊匈牙利的經典伴手禮？從堆滿新貨的布達佩斯中央市場、最熱鬧的瓦茨街商圈（Váci u.）到以共產時代舊貨為主題的商店、令人眼花撩亂的跳蚤市場，應有盡有、價格實惠的布達佩斯絕對是購物首選！

`INFO`

瓦茨街商圈

🏠 Budapest, Váci u., 1052

🚇 Vörösmarty tér 地鐵站（M1）以南 100 公尺

🔍 美味宮咖啡館

🔍 街道北臨弗洛斯馬提廣場（Vörösmarty tér），兩側林立 H&M、ZARA、PANDORA 一類國際品牌，以及體育用品、藥妝、鞋店、服飾店、居家用品、古董店、餐廳酒吧、咖啡館等多元商家。

東西混血的精緻藝品

匈牙利生產的瓷器名氣響亮，無論街邊門市、百貨專櫃或跳蚤市場都可見到質地上乘、圖案細膩的商品，而擁有百年歷史的赫倫（Herend）與喬納伊（Zsolnay），更是享譽全球的世界級品牌。相較其他歐洲國家，匈牙利瓷器擁有特有的東方韻味，加上優秀的工藝技術和手繪技巧，實用之餘也兼具收藏價值。

赫倫手繪瓷器 Herend

皇室御用首選

1826 年創業的赫倫瓷器，工廠位於匈牙利西部的寧靜小鎮赫倫，產品特色在結合東西方美學的概念，將細緻溫潤的中式花鳥工筆與華麗繁複的歐式巴洛克、洛可可裝飾風格巧妙融合，營造高貴典雅的獨特氣質。1851年，英國倫敦舉行首屆世界博覽會，赫倫瓷器因獲得女王維多利亞的青睞而打開知名度，從此奠定其全球前三大手繪藝術瓷器的地位，並成為各國皇室名流偏愛的名品。時序邁入 21 世紀，據紐約奢華品牌研究機構 Luxury Institute 的調查，赫倫在高端消費者的

發源於匈牙利赫倫的手繪瓷器大廠

評價更勝愛馬仕、Waterford，穩居奢侈品瓷器類的第一品牌。除了動輒六七位數的訂製收藏品，也有價格親民（台幣千元起跳，可退稅）的精緻杯盤，一般而言，當地直營店的售價約只有臺灣的一半左右。

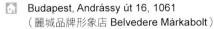
INFO

赫倫手繪瓷器

🏠 Budapest, Andrássy út 16, 1061
（麗城品牌形象店 Belvedere Márkabolt）

📞 +36 1 374 0006　🕐 10:00 ～ 18:00（周日休）

🚇 Opera 地鐵站（M1）西南 75 公尺

🗺 安德拉什大街、匈牙利國家歌劇院、
布達佩斯迷你博物館、聖史蒂芬大教堂

🌐 herend.com

購 喬納伊瓷器 Zsolnay

將陶瓷藝術融入日常

　　創業於 19 世紀中的喬納伊瓷器，工廠位在南方大城佩奇，是匈牙利最負盛名的陶瓷廠。喬納伊以當地民族特色融合波斯風格裝飾為設計主軸，陸續於 1878 年的巴黎世博會獲得金獎、法國榮譽軍團勳章等殊榮，進而逐漸發展成歐洲頂尖的陶瓷品牌。1948 年共產黨統治期間，工廠被國有化並改名為佩奇陶瓷廠，改以生產普通餐具，直到 1982 年才在恢復市場經濟的前提下，改回原本名稱——喬納伊，並於 1996 年由私人公司收購。

　　除了觀賞擺件與日常用品，喬納伊也在 1886 年開始生產一款「耐用耐酸耐寒」的陶瓷磚，適用於屋頂瓦、外牆裝飾、內部裝潢與壁爐等條件較嚴苛的環境。由於品質優良、色澤飽滿，成為當地建築師愛用的建材，從馬加什教堂、布達佩斯中央市場、應用藝術博物館（Iparművészeti Múzeum，現因重建關閉中）的繽紛屋頂到匈牙利國會大廈、蓋勒特浴場，都可見到喬納伊陶瓷磚的蹤跡。

INFO

喬納伊瓷器

🏠 Budapest, József nádor tér 12, 1051（品牌店）

📞 +36 1 400 7118

🕐 09:00 ～ 19:00

🚇 Vörösmarty tér 地鐵站（M1）以北 200 公尺

🗺 塞切尼鏈橋、格雷沙姆宮、伊麗莎白廣場、玫瑰花冰舖、聖史蒂芬大教堂、地鐵博物館、美味宮咖啡館

🌐 zsolnay.hu

跳蚤市場

舊物的時光隧道

布達佩斯市內不乏跳蚤商店或市場，品項除西歐常見的類型，更多了共黨統治時期的領導人（列寧、史達林等）肖像徽章、共黨宣傳海報與紅軍周邊軍事用品等，具有獨特的歷史價值。整體而言，老

闆多數親切平和，雖會招呼但不會強力推銷，遊客可放鬆地欣賞選購。商品訂價方面，較西歐國家平易近人，整套瓷器茶具組台幣千元出頭、各種勳章數百元不等、百年手工銅製煮茶壺同樣千元有找……不愁買不起，只憂帶不走！

 ## 歐洲古董屋 Anna Antikvitás

東西還是老的好

佔地 120 坪的歐洲古董屋，主營歐洲繪畫瓷器、燈飾家具等富有歷史的藏品，店主對西洋藝術領域知之甚詳，顧客不只可以買心儀的古董，更有投資增值的可能。實際上，歐洲古董屋坐落的福爾克米克薩街（Falk

Miksa u.），正是匯聚數間古董與民俗文物、手工藝品的特色街道，來到這裡，經常可見寫有「ANTIQUE」（古董）字樣的招牌，偏好舊貨老物的發燒友肯定深陷其中無法自拔；至於對古董興趣一般的遊客，除了來此感受穿越時空的復古氛圍，亦可順道欣賞街道兩旁綠意盎然的歐式老街風情。

INFO ....

歐洲古董屋

🏠 Budapest, Falk Miksa u. 18-20, 1055

📞 +36 1 269 3281

🕐 平日 10:00 ～ 18:00、周六 10:00 ～ 14:00（周日休）

🚇 Kossuth Lajos tér 地鐵站（M2）以北 650 公尺；Nyugati Pályaudvar 地鐵站（M3）以西 750 公尺

🔍 瑪格麗特橋、匈牙利國會大廈、民族學博物館、小杜鵑餐廳、布達佩斯彈珠台博物館

 ## 古董小舖 Antik-Bazár

好／老貨塞滿屋

　　1998 年開業的古董小舖，位於熱鬧的第七區，是一間販售飾品擺件、古玩書畫、塑像玩偶、發條時鐘、共產時期文物、留聲機與黑

膠唱機等二手貨的商家。店主透過各種管道募集「舊貨」，不算小的空間內總是塞滿獨一無二的「絕版品」，由於訂價透明公道，常有熟客定期前來挖寶。

INFO ....

古董小舖

🏠 Budapest, Klauzál u. 1, 1071

📞 +36 30 944 2929

🕐 14:00 ～ 18:00（周六、周日休）

🚇 Blaha Lujza tér 地鐵站（M2）以西 200 公尺；Blaha Lujza tér M 電車站以西 250 公尺；Blaha Lujza tér M 公車站以西 150 公尺

🔍 紐約咖啡館、辣胃吧、簡單花園、菸草街會堂

💻 antik-bazar.hu

塔巴尼跳蚤舖 Tabáni Garázsvásàr

什麼都不奇怪

鄰近城堡山與多瑙河的塔巴尼跳蚤舖，是一間貨物多樣豐富的二手店，店主熱中募集各種舊物，即使每周造訪也會有新發現。店內商品包羅萬象，從二手書、舊皮包、寶石飾品、鍋碗瓢盆、毛皮大衣、老行李箱、玻璃酒杯、波斯地毯、日本紙傘、古董燈具吊扇、共產時期徽章看板等應有盡有，彷彿踏入穿越時空的舊貨大觀園。

`INFO` ⋯⋯⋯⋯⋯⋯⋯⋯⋯⋯⋯⋯⋯⋯⋯⋯⋯⋯⋯⋯⋯⋯⋯⋯⋯⋯⋯⋯⋯⋯⋯⋯⋯⋯⋯⋯⋯

塔巴尼跳蚤舖

🏠 Budapest, Döbrentei utca 10, 1013
📞 +36 30 622 0869
🕐 10:00 ～ 19:00（周二休）
🚃 Várkert Bazár 電車站（19、41）以南 100 公尺；伊麗莎白橋頭西北 600 公尺
🔍 森梅威斯醫學歷史博物館（Semmelweis Orvostörténeti Múzeum）、布達城堡
📷 facebook.com/tabanibolhapiac

 布達假日寶藏場 Budai Zsibvásár

你的舊物，我的寶物

每逢周末假日，位在布達西南、第十一區的花卉市場（Budaörsi Virágpiac）就會搖身一變成為舊貨愛好者的淘寶天堂，寶藏場佔地極廣，就是數小時也逛不完。與台北天母的二手市集相仿，寶藏場

內的攤位只需透過網路報名，就可以 2,500Ft 左右的低廉價格租下。從未開封的食物、藥品到二手雜貨、服飾、電器用品……琳瑯滿目，擺攤者不少是將家中多餘物品拿來販售的業餘賣家，品項雖雜卻更有尋寶樂趣。

INFO ....

布達假日寶藏場

🏠 Budapest,Budaörsi út 172-178 Virágpiac, 1112
📱 +36 20 555 0597
🕐 周六、周日 07:00 ～ 14:00
🚇 Moricz Zsigmond tér 地鐵站（M4）至鄰近 Móricz Zsigmond körtér M 公車站，轉乘公車 240（停 4 站、車程 12 分）到 Madárhegy 公車站（88、140、140A、142、240）即達
📷 budaizsibvasar.hu

🛒 埃切利跳蚤市場 Ecseri Piac

隱身市郊 · 東歐最大

地處第十九區的埃切利跳蚤市場，毗鄰 M5 高速公路，距離佩斯市中心約 40 分鐘車程，儘管附近杳無人煙，卻是東歐最具規模的跳蚤市場。別於玩票性質的周末攤位，這裡的商家都是每日營業的專業戶，商品擺放整齊、分門別類，

長年鑽研單一品項（相機、五金、書籍文獻、燈具、陶瓷、亞麻製品、家俬）的老闆知識豐富，除了銷售亦樂於分享箇中典故。雖然沒有周末跳蚤市場或農夫市集摩肩擦踵的盛況，但每間主題店鋪都有令人一逛便捨不得走的「剎手級吸引力」！喜歡有質感的二手貨嗎？切莫錯過純樸可愛的埃切利。

INFO ······················

埃切利跳蚤市場

🏠 Budapest, Nagykőrösi út 156, 1194

📞 +36 1 348 3200

🕐 周一至周六 09:00 ～ 14:00；周日 09:00 ～ 13:00

🚌 Corvin-negyed 地鐵站（M3）搭電車 4 或 6 往多瑙河方向（停 2 站、車程 2 分）
　 到 Boráros tér H 電車站，至鄰近同名公車站，轉乘公車 54 或 55（停 20 站、車程 20 分）
　 到 Használtcikk piac 公車站即達

💻 ecseripiac-budapest.hu

Hungary

Part 4

「布」單放射
布達佩斯出發的一日往返輕旅行

　　作為全國交通運輸的放射中心，自布達佩斯前往境內大城小鎮都很便利，一些距離不遠、範圍不大的觀光勝地更可當天往返，享受零重量的一日輕旅行。本篇介紹的 5 個城鎮各具特色，有天后 MV 取景的聖安德烈、開國古城埃斯泰爾戈姆、茜茜公主最愛的格德勒、獲世界文化遺產登錄的中世紀小鎮霍洛克，以及憑著新藝術運動風格建築聞名的凱奇凱梅特……無論搭乘何種大眾運輸前往，都只需 40 分鐘～2 小時的車程即可到達。

聖安德烈 Szentendre

地處布達佩斯北方 20 公里的聖安德烈，又稱山丹丹（鎮上華人因讀音相似而取得暱稱），是一座精緻且富含藝術文化的小鎮，徒步可達的範圍內散布著數間教堂與十餘間博物館、美術館和畫廊，具有歷史感的狹窄街道與鵝卵石街道、色彩柔和的繽紛牆面和巴洛克風格的民居，彷彿走進地中海氛圍的童話世界。聖安德烈的發展起步較晚，是在土耳其人被驅逐離開匈牙利後，才因塞爾維亞新移民的大舉遷入而開啟第一波榮景。之後，城鎮歷經人口大幅減少與逐漸回升的變

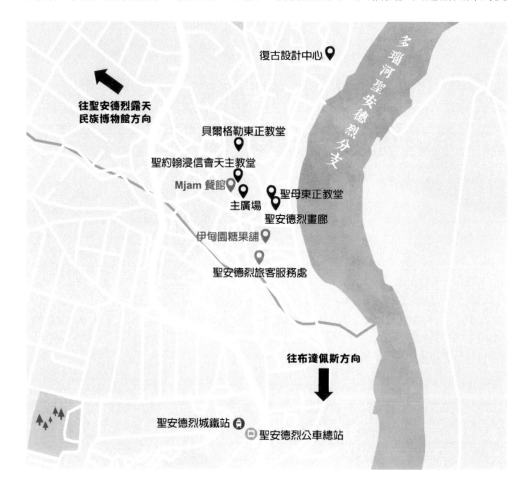

化，直到 20 世紀初，一群藝術家被這裡寧靜舒
適的生活吸引而移居至此，才使聖安德烈躍升
為首都近郊最知名的藝文聚落。

對臺灣人而言，聖安德烈的知名度很大一部
分來自蔡依林的金曲「馬德里不思議」(《舞孃》
專輯，2006)。MV 中，她自在跑跳的歐式小鎮，
並非想當然耳的西班牙首都馬德里，而是聖安
德烈的主廣場 (Fő tér) 及其周邊。MV 中頗為
搶眼、立於廣場中央的東正教雙十字架 (Pestis
kereszt)，屬晚期洛可可風格，建於 1763 年，
是當地商人為紀念小鎮躲過流行性鼠疫而捐建。

 INFO ··

聖安德烈旅客服務處
Szentendre és Térsége TDM Nonprofit Kft.
🏠 Szentendre, Dumtsa Jenő u. 22, 2000
📞 +36 26 317 965
🕐 10:00 ～ 18:00（周一休）
🌐 iranyszentendre.hu

怎麼去

由布達佩斯前往聖安德烈，
以城鐵 (BHÉV) 最為便捷。自
Batthyány tér 城鐵站（與 M2 同名
地鐵站相連）乘城鐵 H5 至最後一
站 Szentendre 即達，車程 40 分、
單程票 310Ft（15 公里區間）。提
醒使用 BKK 的 1 或多日票者，即
使減去市內里程後，總里程數仍屬

聖安德烈公車總站

Batthyány tér 城鐵站　　　　　　　　聖安德烈城鐵站

15 公里區間範圍，因此仍需另外購票，且票價與無 1 或多日票者相同。下車後，穿越地下道、順著 Kossuth Lajos u. 道路直走，便可抵達主廣場。

INFO ···

H5 票價表

 bkk.hu/apps/docs/hev_tablazat_H5.pdf

景 聖母東正教堂 Blagovesztenszka görögkeleti templom

移民的信仰

　　17 世紀下半，800 多名為逃離鄂圖曼帝國統治的塞爾維亞、波士尼亞與希臘人，來到聖安德烈尋求庇護，後選擇在主廣場與多瑙河間落地生根。1690 年，這群人在東正教牧首 Csernojevics Arzén 的領導下，修建一座木製的東正教堂，這就是聖母東正教堂的前身。之後十餘年，教堂因毀壞而重建，目前所見是 1754 年完工、由薩爾斯堡著名建築師安德拉什（Mayerhoffer András）設計的建築，教堂內部採十字格局、東西走向，裝飾屬巴洛克與洛可可風格，立面塔高則有 28 公尺。

　　聖母東正教堂的守護神為聖母領報（Gyümölcsoltó Boldogasszony，天使加百列告知聖

母將受聖神降孕誕下聖子耶穌），堂內的洛可可式聖幛（又稱聖像牆，藉此分隔象徵天國與現實世界的聖所和中殿）繪製於 19 世紀初，是塞爾維亞裔畫家米哈伊洛（Mihailo Zsivkovics）的作品。教堂自 20 世紀便不再舉行正規宗教儀式，改以博物館形式對外開放。

INFO ··

聖母東正教堂

🏠 Szentendre, Fő tér 5, 2000
📞 +36 26 314 457
🕐 10:00 ～ 17:00（周一休）
💲 200Ft

景 聖安德烈畫廊 Szentendrei Képtár

「藝」點就通

位於主廣場旁、1978 年開幕的聖安德烈畫廊，隸屬費倫茨博物館中心（Ferenczy Múzeumi Centrum）。畫廊坐落在 1720 年建成的巴洛克式歷史建物內，一層大廳內目前仍保有一幅當時遺留的巴洛克

風格壁畫。聖安德烈畫廊定期籌辦當代與國際藝術展，主題除匈牙利本地與外國藝術家的作品回顧，也涉獵考古、民族誌等相關議題的地方史料展覽，內容豐富多元。

INFO ··

聖安德烈畫廊

🏠 Szentendre, Fő tér 2-5, 2000
📞 +36 20 779 6657
🕐 10:00 ～ 18:00（周一休）
💲 常設展 1,200Ft、組合票 1,400Ft
🌐 muzeumicentrum.hu

景 聖約翰浸信會天主教堂
Keresztelő Szent János katolikus plébániatemplom

山丘上的教堂

　　地處山丘平台上的聖約翰浸信會天主教堂，為聖安德烈最古老的建築，自 13 世紀建成以來數度拆除與整修，今日所見為 17 世紀中重建的結果，風格混和羅馬、哥德與巴洛克式。高 28.91 公尺的塔樓，原本裝飾有華麗的彩色玻璃，惜於 1818 年掉落，之後改以簡單的窗飾覆蓋。

堂內木製祭壇裝飾屬洛可可風格，牆面上講述聖經故事的室內壁畫，為當地畫家協會於 1933 ～ 1938 年繪製，特色是將聖安德烈的風景融入聖經場景中。除了參觀教堂內部，教堂前的廣場（Templom tér）也是眺望整個小鎮的最佳位置，美景也同樣被收錄在「馬德里不思議」MV 中。

INFO

聖約翰浸信會天主教堂

- Szentendre, Templom tér, 2000
- +36 26 312 545
- 3 月 15 日至 10 月 15 日 10:00 ～ 17:00（周一休）
- 免費

景 貝爾格勒東正教堂 Belgrád-székesegyház

小鎮最高塔

　　貝爾格勒東正教堂隸屬於塞爾維亞東正教會，最初由來自塞爾維亞首都貝爾格勒的新移民使用石頭堆砌而成。今日所見的教堂興建於 18 世紀中，內部長 32 公尺、寬 14 公尺，東端為聖所和半圓形的祭壇後殿，西端高 48 公尺的鐘樓，則是聖安德烈最高的建物。貝爾格勒東正教堂整體屬巴洛克式風格，從設計到施作都很講究，可惜的是，19 世紀末陸續遭祝融和劫盜之災，許多珍貴器

物因此丟失。位在教堂旁為塞爾維亞東正教會博物館（Szerb Egyházi Múzeum），主要收藏匈牙利境內塞爾維亞東正教會 18 世紀以後的文物，包括：書籍、金飾、紡織品與木雕等，展現宗教藝術融合拜佔庭、巴洛克等古典元素的豐富魅力。

INFO

塞爾維亞東正教堂博物館

🏠 Szentendre, Pátriarka u. 5, 2000
📞 +36 26 312 399
🕐 5 月至 9 月 10:00 ～ 18:00、10 月至 4 月 10:00 ～ 16:00（周一休）
💲 博物館 600Ft

 景

復古設計中心 Retro Design Center

時光倒流 40 年

以 20 世紀七、八零年代生活點滴為主題的復古設計中心，是一間私人經營的特色博物館，目的在藉由收集逐漸消失的日常及電器用品，記錄這些曾經存在的「歷史遺產」，讓上一輩得以回味、下一輩有所認識。館內除了展示一些世界共通的記憶，如：映像管電視、撥盤式電話、錄音機、打字機、鐵皮玩具、普普風家具、玻璃汽水瓶等，基於當時匈牙利仍為共黨統治，也可見到由共產主義國

家生產、造型獨特的老汽機車、自行車，以及當年政令宣導的雜誌、書籍與海報。
復古設計中心雖然面積不大，但處處富饒趣味，走在其中彷彿穿越時光隧道。

INFO

復古設計中心

Szentendre, Rév u. 4, 2000
+36 30 823 5875
10:00 ～ 17:00（周四延至 12:00 開門）
1,000Ft
facebook.com/retrodesigncenter

 聖安德烈露天民族博物館 Szentendrei Szabadtéri Néprajzi Múzeum

匈牙利的舊時光

　　造訪聖安德烈，除了徒步遊覽小鎮風光，如果時間允許，也可乘車前往 4 公
里外的自然文化保護區——露天民族博物館，一睹匈牙利境內最具規模的戶外典
藏機構。博物館成立於 1967 年，以潘諾尼亞平原 18 世紀後半～ 20 世紀前半的
典型民間建築、村莊與聚落的庶民文化為主題，內部共規劃 8 個區域，展示超過
4 萬件民族誌藏品，以及本地農家最常豢養的綿羊、牛隻與國寶——曼加利察豬。
步行其間，舉目所見的教堂、穀倉、風車與民居等建築多為石砌牆面、木造結構、
茅草屋頂，宛如匈牙利版的九族文化村。

INFO

聖安德烈露天民族博物館

Szentendre, Sztaravodai út, 2000　　+36 26 502 537

🕐 3 月下旬 10:00 ～ 16:00、4 月至 11 月初 09:00 ～ 17:00（周一休、冬季休園）

💲 2,000Ft

🚌 自 Szentendre 城鐵站旁公車總站乘環狀線 878 至 Skanzen 站即達，車程去時 23 分（先行駛左側路線再自右側路線折返）、返時 12 分（直接自右側路線回到火車站），票價單程 250Ft（在車站售票亭或直接上車購買，票價相同），抵達博物館（下車）與回到市區（上車）都是同一座巴士站。到達 Skanzen 站後，往車行反方向走 150 公尺，園區入口就位在右手邊。

🕐 平日 Szentendre 發車時間：5:45、6:25、7:10、8:00、10:35、13:05、14:05、15:05、16:05、17:05、18:05、20:25、22:10；平日 Skanzen 發車時間：5:57、6:37、7:22、8:22、10:47、13:28、14:28、15:28、16:28、17:28、18:28、20:58、22:43。假日 Szentendre 發車時間：6:50、8:05、10:35、12:30、14:25、16:25、18:25、20:25、22:10；假日 Skanzen 發車時間：07:02、08:17、10:47、12:42、14:48、16:48、18:48、20:58、22:43。

🌐 skanzen.hu

Mjam 餐館 Mjam Étterem

美味的最大公因數

　　鄰近主廣場的 Mjam，是一間融合加勒比海與亞洲菜餚特色的匈牙利式多國料理餐館，有別於傳統匈牙利菜的濃郁厚重，主廚靈活運用日式烹調、泰式與加勒比海的香料調味，成就一道道豐富繽紛的生菜沙拉、鮮甜爽口的亞洲風清湯，以及無負擔的肉類主菜和素食餐點。Mjam 從用餐環境到料理擺盤都相當用心，時常應季節變化改變菜色，處處散發自然明亮的舒適感，菜單上雖沒有很多選擇，但每位來客都能找到適合自己的口味。

INFO ··

Mjam 餐館

🏠 Szentendre, Hungary, Városház tér 2, 2000

📞 +36 70 440 3700

🕐 周三與周四 11:00 ～ 22:00、周五與周六 11:00 ～ 23:00、周日 11:00 ～ 17:00（周一、周二休）

💲 前菜 1,600Ft 起、湯品 950Ft 起、沙拉 2,150Ft 起、主菜 2,700Ft 起、甜點 950Ft 起

👤 人均：4,500Ft ～ 7,500Ft（僅接受現金）

📷 facebook.com/pg/Mjam-1382578311969323

 伊甸園糖果舖 Édeni Édességek Boltja

「糖」專家

2003 年開幕的伊甸園糖果舖，位在城鐵車站與市中心間，是專門販售巧克力、茶葉、咖啡豆與數十款自製糖果的匈牙利式甜

點店兼咖啡廳，顧客可以實惠的價格，品嘗來自世界各地、新鮮美味的優質甜點與飲品。除了現場享用，店家也展示各種包裝精美的伴手禮，讓人不只甜在嘴裡，還能將它帶回家裡。

INFO ··

伊甸園糖果舖

🏠 Szentendre, Dumtsa Jenő u. 9, 2000

📞 +36 26 303 200

🕐 周一至周六 10:00 ～ 19:00、周日 10:00 ～ 18:00

💲 55% 比利時黑巧克力 340Ft ／ 100g、阿拉比卡咖啡豆 890Ft ／ 100g、拿鐵 460Ft

👤 人均：500Ft ～ 1,000Ft

📷 csokibolt.hu

埃斯泰爾戈姆 Esztergom

　　位於首都西北 50 公里的埃斯泰爾戈姆，地處多瑙河灣右岸，與斯洛伐克的什圖羅沃（Štúrovo）隔河相望，是一座擁有深厚歷史的傳奇古城。早在 2 萬年前的冰河時代，埃斯泰爾戈姆就有人類居住的紀錄，羅馬統治時期更是潘諾尼亞省的重要邊境城鎮。9 世紀末，馬札爾人移居潘諾尼亞平原，其中勢力最強的阿爾帕德王朝，便盤踞在以埃斯泰爾戈姆為中心的平原西北處，經過一番爭鬥，王朝的領導者聖史蒂芬一世成為各部落最有實權的匈牙利大公，並於 1000 年 12 月 25 日在埃斯泰爾戈姆接受教宗思維二世（Silvester PP. II）加冕為匈牙利國王。此後，這裡便是匈牙利建國初期的首都，直到 1242 年，蒙古軍入侵匈牙利致使國王貝拉四世遷都維謝格拉德（後再正式移往布達城堡）才告終。

　　1543 年，埃斯泰爾戈姆遭土耳其軍入侵，成為鄂圖曼帝國最北的領土，城市也因戰爭遭毀壞。1683 年，「基督教救星」波蘭國王揚三世（Jan Ⅲ）將土耳其人從匈牙利驅逐，使埃斯泰爾戈姆重回基督教世界。19 世紀開始，當地陸續修建埃斯泰爾戈姆聖殿、橫跨多瑙河兩岸的瑪麗瓦萊里橋等，唯後者在第二次世界大戰時遭德軍炸毀，直到 2001 年才得以重建。曾經是兵家必爭之地的埃斯泰爾戈姆，如今則是廣受歡迎的觀光古鎮與宗教名城，遊客欣賞富麗堂皇的教堂、收藏豐富的博物館之餘，也可站在瑪麗瓦萊里橋中央，體驗邊界城市特有的「腳踏兩國土」樂趣。

怎麼去

　　由布達佩斯前往埃斯泰爾戈姆，可選擇搭乘火車或巴士，差異在於埃斯泰爾戈姆火車站距離主要景點尚有 2.5 公里，而巴士站（Esztergom, autóbusz-állomás）相對較近，步行 10 分鐘便可進入城區範圍。

`INFO` ....

布達佩斯 ↔ 埃斯泰爾戈姆火車資訊

- 火車西站 ↔ 埃斯泰爾戈姆火車站
- 布達佩斯發 04:20 ～ 23:20、埃斯泰爾戈姆發 03:40 ～ 22:11
- 班距：布達佩斯每 20 分與整點發車、埃斯泰爾戈姆每小時發 1 ～ 2 班，假日減班
  車程：1 小時 7 分～ 1 小時 32 分
  里程：53 公里
- 1,120Ft

布達佩斯 ↔ 埃斯泰爾戈姆巴士資訊

- 阿爾帕德橋巴士總站 ↔ 埃斯泰爾戈姆巴士站
  路線：800 Budapest–Pilisvörösvár–Piliscsaba–Dorog–Esztergom
- 布達佩斯 2 月台發 05:00 ～ 23:00、
  埃斯泰爾戈姆 4 月台發 04:00 ～ 21:00
- 班距：每半、整點一班，假日減班（僅存整點班次）
  車程：1 小時 15 分
  里程：45.1 公里
- 930Ft　　volanbusz.hu/hu/menetrendek/vonal-lista/vonal/?menetrend=2855

尤佩斯特 - 城市巴士總站 ↔ 埃斯泰爾戈姆巴士站（經聖安德烈）

- 880-889 Budapest–Szentendre–Visegrád–Esztergom
- 布達佩斯發全程 06:35 ～ 19:55、埃斯泰爾戈姆發全程 05:25 ～ 19:15
- 班距：全程每小時一班（至聖安德烈的區間車班次多），假日減班
  車程：2 小時
  里程：至 Esztergom, Rákóczi tér 站 61.7 公里、全程 63.4 公里
- 1,300Ft　　volanbusz.hu/hu/menetrendek/vonal-lista/vonal/?menetrend=2920

埃斯泰爾戈姆聖殿 Esztergomi Bazilika

見證信仰

建於 19 世紀中的埃斯泰爾戈姆聖殿，屬古典主義風格，為天主教埃斯泰爾戈姆 - 布達佩斯總教區的主教座堂，不僅是匈牙利境內規模最大、級別最高的教堂，也是全國最高建築物（不含發射塔、煙囪）與世界第 18 大教堂。聖殿總長 118 公尺、寬 49 公尺、高 100 公尺，面積 5,600 平方公尺（近 1,700 坪），位於教堂中段的半圓形穹頂，直徑 33.5 公尺、上有 12 扇窗，自地窖至頂的樓梯數共 400 階。聖壇後方中央的聖母升天圖（13.5m×6.6m），是全球最大的單幅油畫，為 19 世紀的義大利畫家米開朗基羅（Michelangelo Grigoletti）依據文藝復興時代藝術家提香（Tiziano Vecell）原作「Mária mennybevétele」（1516～1518）繪製的復刻版本。埃斯泰爾戈姆聖殿於 1856 年 8 月 31 日舉行祝聖儀式，當日初演李斯特專為教堂創作並由他擔任指揮的彌撒曲（Esztergomi mise），整體工程則於 1869 年才告完成。

埃斯泰爾戈姆聖殿的所在地曾是匈牙利第一個主教座堂——聖阿達爾貝特教堂（A középkori Szent Adalbert-székesegyház）的遺址。該堂由開國君主聖史蒂芬一世興建，12 世紀末被燒毀，重建後雖幸運躲過蒙古軍入侵，卻在 14

登聖殿的捷徑入口處

世紀初因王位爭奪遭洗劫，後經歷任總主教斥資裝修，卻又毀於 1543 年的鄂圖曼帝國入侵。至 1820 年才在總主教魯道那（Rudnay Sándor）的擘劃下，重建並恢復主教座堂地位，也就是今日所見的聖殿規模。

值得一提的是，聖殿動工時，也將鄰近的巴科奇禮拜堂（Bakócz-kápolna）納入建築中。這座 16 世紀初建成的禮拜堂，以紅、白色大理石為建材，不僅是在土耳其帝國 130 年統治下難得倖存的奇跡，更是匈牙利境內僅存的文藝復興時期建築。搬遷時，建築師 Packh János 將禮拜堂拆卸成 1,600 塊並一一編號，再於聖殿內重新組合，此舉為歐洲首個針對古蹟的保護行動，在當時具有開創性的價值。

INFO ....

埃斯泰爾戈姆聖殿

🏠 Esztergom, Szent István tér 1, 2500

📞 +36 33 402 354

🕐 5 月至 8 月教堂 08:00 ～ 19:00、地窖 & 寶庫 09:00 ～ 18:00、全景大廳 & 穹頂 09:00 ～ 19:00（售票提早 30 分結束）；其餘月份的營運時間有所縮減，細目多且每年微調，詳情請至網站查詢

💲 教堂免費、地窖 300Ft、寶庫 900Ft、全景大廳 300Ft、穹頂 700Ft、4 者組合 1,500Ft

🌐 bazilika-esztergom.hu

🔍 前往聖殿除走正門，也可由基督教博物館門口續行約 100 公尺的捷徑上山。捷徑入口位在 Anonim Vendéglő 餐廳對面，Google 地圖也有將這條路以虛線標出，順著石階往上爬十餘分，便可到達聖殿。

景　聖史蒂芬加冕紀念碑 Szent István megkoronázása

國王的決心

　　為使馬札爾人建立匈牙利王國能融入歐洲社會，強化統治的正當性，首任國王聖史蒂芬一世戮力推行天主教信仰，強制族人信教之餘，自己更接受教宗加冕為王。為紀念這段建國史，2001 年 8 月 15 日（聖史蒂芬忌日）便在埃斯泰爾戈姆聖殿北側、面向多瑙河處，豎立一座聖史蒂芬加冕紀念碑。紀念碑高 12 公尺、石灰石材質，作者為匈牙利雕塑家米克洛斯（Melocco Miklós）。

INFO ....

聖史蒂芬加冕紀念碑

🏠　Esztergom, Szent István megkoronázása, 2500
🕐　全日

景　瑪麗瓦萊里橋 Mária Valéria híd

跨河亦跨國

　　橫跨多瑙河的瑪麗瓦萊里橋，以奧匈帝國國王約瑟夫一世的小女兒瑪麗・瓦萊里（Habsburg–Lotaringiai Mária Valéria főhercegnő）命名，是一座連結匈牙利和斯洛伐克的跨境橋梁，橋體全長 517.6 公尺、寬 12.3 公尺，含雙向單線車道與人行、腳踏車道。橋梁由匈牙利造橋工程師費基克奇（布達佩斯自由橋也是出自他的手筆）設計，1895 年竣工，後曾於 1919 年、1944 年兩度遭毀。此後數十年，因匈牙利和解體前的捷克斯洛伐克政府間存在歧見，導致橋梁始終未能修復，直到 2001 年才在歐盟支持下重建。

INFO ....

瑪麗瓦萊里橋

🏠　Esztergom, Mária Valéria híd, 2500

基督教博物館 Keresztény Múzeum

宗教寶庫

基督教博物館由總主教西莫爾（Simor János）於1875年創立，不僅是匈牙利境內數一數二的教堂收藏機構，亦為世界第三大教區博物館（僅次於梵諦岡和慕尼黑）。館內廣泛收集並展示歐洲數百年來的宗教藝術品，諸如：15、16世紀德國、奧地利的晚期哥德式繪畫與雕塑；13至18世紀義大利文藝復

興和巴洛克時期的畫作；匈牙利、奧地利與德國17、18世紀的巴洛克式繪畫；15至20世紀的宗教主題壁毯；16至20世紀東正教的聖像畫與金工藝術，以及象牙雕刻、鐘錶、陶瓷、鼻煙壺、木雕等裝飾藝品。

INFO ··

基督教博物館

- Esztergom, Mindszenty hercegprímás tere 2, H-2500
- +36 33 413 880　　🕐 10:00 ～ 17:00（周一、周二休）
- 900Ft、攝影 500Ft（1 人僅限 1 台機器，如使用 2 台則須購買 2 張攝影票）
- keresztenymuzeum.hu

鄧科索咖啡館 Dunakorzó Kávézó

古城小食光

地處多瑙河支流畔的鄧科索咖啡館，販售自製的糕點、輕食與冷熱飲，以環境清幽舒適、餐點 CP 值高而頗獲好評，在古城走累了，不妨到這兒歇歇腿、補能量。店內的檸檬水與熱三明治都有一定水準，蛋糕則屬紮實濃甜路線，適合耐糖度高的螞蟻人。

`INFO` ··

鄧科索咖啡館

🏠 Esztergom, Kis Duna stny. 7, 2500

📞 +36 30 760 4416

🕐 10:00 ～ 20:00

💲 人均 500Ft ～ 1,000Ft

📱 facebook.com/pg/dunakorzo

格德勒 Gödöllő

位於首都東北 30 公里處的格德勒，為一座人口 3.5 萬的小城，代表性景點有格德勒宮和聖史蒂芬大學（Szent István Egyetem），前者以曾作為伊麗莎白皇后（又稱茜茜公主）的度假居所著稱，後者是匈牙利重要的農業暨獸醫教育養成機

構。距離格德勒城鐵站 9 公里的拉扎爾馬術公園，則為集飲食、住宿、品酒於一體的私人觀光景區，在此不只能體驗道地的美食美酒與以匈牙利傳統樂器演奏的各國樂曲，更可欣賞專業精彩且帶有幾分詼諧趣味的馬術表演。

INFO ··

格德勒旅客服務處 Tourinform - Gödöllői kistérség

🏠 Gödöllő, Ady Endre sétány, Királyi Kastély, 2100（格德勒宮旁）

📞 +36 28 415 402

🕐 周三至周四 09:00 ～ 15:00、周五至
周日 09:00 ～ 17:00（周一、周二休）

📱 turizmusgodollo.hu

怎麼去

　　由布達佩斯前往格德勒，以城鐵（BHÉV）最
為便捷。自 Örs vezér tere 城鐵站（與 M2 同名地
鐵站相連）乘城鐵 H8 至 Gödöllő, Szabadság tér、
Gödöllő, Palotakert 或終點站 Gödöllő 皆可，全程 48
分、單程票 370Ft（20 公里區間）。提醒使用 BKK
的 1 或多日票者，即使減去市內里程後，總里程數
仍屬 20 公里區間範圍內，因此仍需另外購票，且票
價與無 1 或多日票者相同。

Gödöllő, Szabadság tér 城鐵站

INFO ··

H8 票價表

📱 bkk.hu/apps/docs/hev_tablazat_H8-9.pdf

Örs vezér tere 城鐵站

格德勒宮 Gödöllői Királyi Kastély

茜茜最愛

　　地處格德勒中心的格德勒宮，因受茜茜公主（即伊麗莎白皇后）喜愛而聲
名遠播，宮殿建於 18 世紀中，由出身格拉薩爾科維奇貴族家庭（Grassalkovich
család）的安塔爾伯爵（Grassalkovich Antal）提供資金，薩爾斯堡著名建築師安
德拉什（聖安德烈的聖母東正教堂也是他的作品）設計，是匈牙利最出色的巴洛
克式建築之一。19 世紀中，奧匈帝國將宮殿購入並轉為皇家住所，不適應維也
納皇室拘束生活的茜茜公主，每年春秋都會移居格德勒宮，與夫婿兒女自由自在

樂享天倫。由於茜茜公主始終對匈牙利民族抱持同情，她長期下榻的格德勒宮也開始被賦予政治上的意涵，成為匈牙利作為獨立國家的象徵。

第一次與第二次世界大戰間，宮殿成為匈牙利獨裁攝政者霍爾蒂‧米克洛什（Horthy Miklós）的居所。二戰結束後，此地與匈牙利境內許多歷史建築一樣毀損破敗，部分甚至改作軍隊使用。1980 年代，開始啟動修繕工作，逐步恢復格德勒宮在 18〜19 世紀的輝煌面貌。目前，宮殿以博物館形式對外開放，展覽圍繞著格拉薩爾科維奇貴族家庭和奧匈帝國皇室，最吸引遊客的，仍是以茜茜公主為主題的常設展（Erzsébet királyné emlékkiállítás）。

INFO ··

格德勒宮

🏠 Grassalkovich-kastély, Gödöllő, Magyarország, 2100
📞 +36 28 410 124
🕐 夏季周一至周三 09:00 〜 17:00、周四 10:00 〜 20:00、周五至周日 10:00 〜 18:00；其餘時間周一至周四 09:00 〜 16:00、周五至周日 10:00 〜 17:00（閉館前 1 小時停止售票）
💲 戶外花園免費、伊麗莎白皇后常設展 2,600Ft
🚆 Gödöllő, Szabadság tér 城鐵站（H8）以南 200 公尺
🔗 kiralyikastely.hu

 # 拉扎爾馬術公園 Lázár Lovaspark

馬背上的威風

拉扎爾馬術公園位在格德勒山丘畔、多莫尼（Domony）鎮內，由世界馬車冠軍——Lázár Vilmos 與 Lázár Zoltán 拉扎爾兄弟創辦，兩位的獎盃、獎品與比賽馬車皆收藏於園區的「世界冠軍廳」（Világbajnokok terme）內。馬術公園以匈牙利鄉村風情莊園為主題，住宿、餐廳、酒窖等設施皆備，飼養並展示各

種馬匹、驢子、綿羊、火雞等家禽家畜，每日 12:00 的馬術秀（Lovas Színházi Előadás）是園區的重頭戲，表演者身穿匈牙利傳統服飾，展演包括：駕乘馬車、馬背射箭、訓馬特技（令馬躺下、馬前揮鞭等）、

馬鞭揮擊酒瓶、站立騎乘四匹馬以及身穿茜茜公主服裝的女騎師以側坐姿態騎馬等，十分緊湊精彩，整段需時約 40 分。

拉扎爾馬術公園目前僅接受 20 人以上團體預約（如當日未達人數就不開放），散客可於造訪當月透過臉書通訊功能詢問何時有團體預約，再與其併團參觀。單日造訪的旅客，最適合園方規劃的半日套裝行程，流程如下：11:30 抵達→送上迎賓點心（匈牙利水果白蘭地 pálinka、奶酪和培根鹹點蛋糕 pogácsa）→乘傳統馬車繞園區一周→12:00 馬術秀→園內參觀（世界冠軍廳、冠軍馬廄、家畜牧場）→13:00 馬牧民 Horseherders 午餐（多莫尼烤肉、農家菜、奶油餡餅、紅白酒等），收費為一位 € 32。

INFO

拉扎爾馬術公園

🏠 Fenyő u. 47 Domony, 2182　　📠 +36 28 576 510

💲 套裝行程 € 32（需預約）

🚌 自格德勒出發，由格德勒巴士站（Gödöllő, Autóbusz-állomás）乘巴士往東至多莫尼（Domony/ Domonyvölgy），車程約 12 ～ 15 分，票價 250Ft；自布達佩斯出發，由體育場巴士總站搭巴士至多莫尼，車程約 1 小時、票價 745Ft，下車後，往西北步行 900 公尺即達。需注意的是，午間行經多莫尼車站的巴士班次很少，不妨在馬術公園待至 2 點多再步行至車站，搭乘 3 點左右行經、返回格德勒的班次；或請園方代招計程車至格德勒，再轉城鐵返回布達佩斯。

📷 lazarlovaspark.hu

📘 facebook.com/lazarlovaspark　　▶ youtube.com/watch?v=5RSR9RG4nTA

霍洛克 Hollókő

　　位在布達佩斯東北 92 公里處的霍洛克，雖是一個僅有 300 多位居民的村莊，卻因保有完整的中世紀村莊樣貌及帕羅人（Palóc）的傳統生活方式，而被聯合國教科文組織登錄為世界文化遺產。霍洛克的歷史可回溯到 13 世紀，當時為躲避蒙古軍侵略的帕羅人（庫曼人 Cumans 的後裔，原居於今俄羅斯南部）遷居至此。由於地處切爾哈特山脈（Cserhát）的低谷內，對外形成天然屏障，使其獨特的民族音樂、服飾、刺繡、木雕等傳統工藝得以傳承至今，村莊儼然就是一座活的民族誌博物館。

　　霍洛克小鎮的道路十分單純，只需順著 Kossuth u. 直走即可進入村莊，位於村內岔路間的聖馬丁教堂（Szent Márton-templom）也是遊客必拍的打卡熱

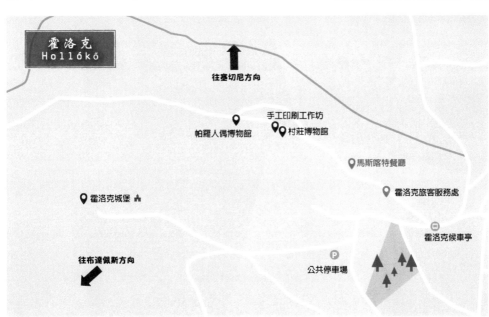

點。參觀霍洛克，除了逐一購票參觀城堡、博物館等設施和品嘗各店美食和購物，也可選擇包含門票、皮製品、木雕與起士、蛋糕等綜合性的「村票」（Falusétajegy，3,500Ft），訪問包含：霍洛克城堡（並享用咖啡或茶）、村莊博物館、Guzsalyas 博物館（Guzsalyas ház belépő，10:00 ～ 18:00）、Gazduram Sajtboltja 起士專賣店（周二至周五 10:00 ～ 15:00、假日延至 16:00，周一休）、4 星級飯店 Castellum Hotel 品嘗蛋糕、皮革／木雕作坊、舞蹈之家等 10 個具代表性的場所。

`INFO` ··

霍洛克咖啡館兼旅客服務處
Hollóköves Kávézó – Info

🏠 Hollókő, Kossuth u. 50, 3176
📞 +36 20 626 2844
🕐 平日 08:30 ～ 16:00、
　 周六與周日 08:30 ～ 17:30
🌐 holloko.hu

怎麼去

　　霍洛克雖名列世界文化遺產，但自布達佩斯前往的大眾運輸班次並不頻繁，礙於往返相對耗時，欲前往的遊客（除自駕外）請預留一整日的時間。目前主要有 2 種路線，一是於體育場巴士總站搭 08:30 開出的班次，直達 Hollókő, autóbusz-váróterem（簡寫為 Hollókő, aut. vt.，鄰近小鎮中心）終點站，傍晚 15:00 或 16:00 再於候車亭乘同班次巴士返回布達佩斯；二是自尤佩斯特 - 城市巴士總站先乘巴士 1010 至中途站塞切尼（Szécsény, autóbusz-állomás），再由此轉乘當地巴士到最後一站 Hollók（平均每小時一班）。

　　整體而言，2 種路線各有利弊：第 1 種路線直達省時省力，唯非旺季有停駛的風險，以筆者 4 月底前往為例，到體育場巴士總站才得知「沒有 08:30 的班次」？！儘管網路查詢「百分百確定有」，但現場售票員卻斬釘截鐵表明：「每日僅一班直達霍洛克，發車時間為 15:30。」無奈傍晚抵達的班次，對當日往返的觀光客毫無利用價值。相形之下，第 2 種路線雖需於塞切尼轉車，但兩者接駁尚稱順利，班次較多也沒有淡旺季的問題，行程安排相對明確。

`INFO` ....

體育場巴士總站 ↔ 霍洛克候車亭

🚌 1024 Budapest–Pásztó–Hollókő
🕐 布達佩斯發 08:30、霍洛克發 15:00、16:00
🔍 車程：2 小時
　　里程：106.8 公里
💲 2,200Ft
🌐 volanbusz.hu/hu/menetrendek/vonal-lista/
　　vonal/?menetrend=1024

尤佩斯特 - 城市巴士總站 ↔ 塞切尼巴士站

🚌 1010　Budapest–Balassagyarmat–Szécsény–Salgótarján
🕐 布達佩斯發 07:30 ～ 21:50 每小時 1 至 2 班、
　　塞切尼發 05:32 ～ 18:32 每小時 1 班
🔍 車程：2 小時；里程：104.1 公里
💲 1860Ft
🌐 volanbusz.hu/hu/menetrendek/vonal-lista/
　　vonal/?menetrend=1010

塞切尼巴士站 5 號月台 ↔ 霍洛克候車亭

🕐 塞切尼發 06:35、07:35、09:35、12:35、13:35、14:35、
　　15:35、16:35、17:35、18:35、19:30、23:45；
　　霍洛克發 06:00、07:00、07:25、08:00、09:00、10:00、
　　12:00、13:00、14:00、15:00、16:05、18:00、20:00
🔍 車程：25 分鐘
💲 370Ft

霍洛克城堡 Hollókői Vár

烏鴉蓋得堡！？

霍洛克處處可見烏鴉造型的標示或圖案，當地的徽章頂端也是一隻烏鴉，其實 Hollókő 在匈牙利語正是烏鴉（Holló）＋石頭（kő）的意思。名稱的由來有幾種傳說，基本上不脫人遭綁架後被烏鴉銜石頭救出的情節——惡霸綁走美麗少女後將她關在城堡內，少女的保姆是一位女巫，為了救出少女，女巫向魔鬼提出交易。魔鬼讓兒子們化身烏鴉，每晚將城堡的石頭一塊塊叼走，救出少女的同時，也在他處蓋成一座新的城堡……人們於是將這座「烏鴉用石頭蓋成」的城堡稱作霍洛克，下方的村莊也以此命名。

霍洛克城堡位於海拔 335 公尺的山丘上，全長 68 公尺、寬 51 公尺，依照地形建造成不規則形狀，從空中鳥瞰就是一座以五角形塔樓為中心的蝸牛狀堡壘，其內路線曲折複雜。撇開童話感十足的傳說，城堡實際建於 13 世紀末，是當地部族為阻擋蒙古軍入侵而修築，之後數百年都是兵家必爭之地。直到 1711 年，

才在國家穩定且財政緊縮的前提下，拆毀外部營房與入口處的橋梁，正式解除軍事用途。之後兩百多年，城堡因人跡罕至而幸運地獲得完整保存，至 20 世紀中被考古學家發掘，才再度重返世人目光。

INFO ....

霍洛克城堡

🏠 Hollókő, Hollókői Vár, 3176

🕐 3 月至 10 月 10:00 ～ 17:00；
11 月至 2 月 10:30 ～ 15:30

💲 900Ft

📱 hollokoivar.hu

 景

村莊博物館 Falumúzeum Hollókőn

走進帕羅宅

霍洛克的房屋均以傳統的帕羅工法建造——先用木材搭起骨幹，將稻桿與高黏性的土壤混和後築牆，再於牆面抹上白色石灰，屋頂原為厚茅草、現則改良為木瓦材質。由於木造建築易遭火吻，數百年間霍洛克飽受祝融之災，即使屢屢被毀，居民仍在守護帕羅工法的前提下不斷重建，現存的 126 棟民宅無一例外。

1964 年開放的村莊博物館，坐落於霍洛克修道院建築群的部分屋舍內，是一座永久性的民族誌展覽機構，目的在重現帕羅人 19 ～ 20 世紀 20 年代的生活模式。遊客可透過參觀館內的兩戶帕羅人家庭，認識當地傳統工法的建築特色、內部格局，以及當時使用的家具、日用品和農具等。一般而言，傳統帕羅民居由起居室、廚房與儲藏室組成，其中以放置穀物等收成的儲藏室佔地最廣也最為重要。

INFO ··

村莊博物館

🏠 Hollókő, Kossuth út 82., 3176
📞 +36 30 508 2454
🕐 4 月至 10 月 10:00 ～ 18:00、11 月至 3 月 10:00 ～ 16:00
💲 250Ft

 手工印刷工作坊 Kézmves Nyomdamhely

回到活字印刷年代

　　工作坊顧名思義是以 1900 年的郵票印刷廠為主題，展示印刷機器、裝訂工具等硬體設備之餘，也提供互動式的手工印刷課程。負責講解與示範操作的老伯對印刷歷史知之甚詳，儘管語言稍有隔閡，但透過肢體動作與簡單的英語介紹，也會有豐盛的收穫。特別的是，現場讓人實際操作的 3 部機器中，其中 1 台是超

過 200 年歷史的古騰堡金屬印刷機，在古鎮以古法操作機器，確實相當難得的體驗。不僅如此，工作坊內也有陳列以當地文化為發想的明信片、賀卡、筆記本、迷你書、平版石雕等文創商品，展現在文化遺產基礎上的創意新生。

INFO ··

手工印刷工作坊

🏠 Hollókő, Kossuth u. 84, 3176
📞 +36 70 774 8060
🕐 10:00 ～ 18:00
💲 200Ft、手工印刷體驗 400Ft 起

景 帕羅人偶博物館 Palóc Babamúzeum

帕羅服裝秀

　　2001 年開幕的帕羅人偶博物館，收藏約 200 個穿著傳統帕羅民族服飾的人偶，女孩的頭飾、背心、多層次裙裝與珍珠項鍊十分華麗講究，男孩則以禮帽、白襯衫、長褲搭配長圍裙為主。儘管居住在霍洛克的帕羅人均以傳統民族服飾自豪，但除了少數的店員或老人家，多數居民只有在慶祝活動或重要節日（如復活節）才會穿上珍藏的壓箱寶。

INFO

帕羅人偶博物館

🏠 Hollókő, Kossuth út 96., 3176　📞 +36 30 394 4424
🕐 4 月至 11 月 10:00 ～ 17:00　💲 350Ft

 食 馬斯喀特餐廳 Muskátli Étterem

帕羅媽媽味

　　1987 年開幕的馬斯喀特餐廳，位於歷史古蹟與自然美景間，是霍洛克首屈一指的鄉村傳統料理店。餐廳不僅菜餚具有在地特色，服務熱情友好，用餐空間也飽含帕羅風情，走到戶外露臺，顏色鮮豔的天竺葵映入眼簾，帶給食客五感滿足的愉悅體驗。

INFO

馬斯喀特餐廳

🏠 Hollókő, Kossuth u. 61, 3176
📞 +36 32 379 262
🕐 11:00 ～ 18:00（周一、周二休）
💲 燉牛肉配餃子（Marhapörkölt galuskával）2,500Ft、鴨肝豬排佐薯泥（Kacsamájjal töltött sertéskaraj rántva, burgonyapürével）3,100Ft、雙人套餐 5,600Ft、麵類 1,550Ft 起、沙拉 450Ft 起
👤 3,000Ft ～ 5,000Ft　　🌐 muskatlivendeglo.hu

凱奇凱梅特 Kecskemét

　　位於首都東南約 80 公里處的凱奇凱梅特，是巴奇 - 基什孔州（Bács-Kiskun megye）的首府，地名源於匈牙利文的山羊（kecske）。中世紀時，由於位居貿易路線樞紐，商業活動發達，吸引許多猶太裔的貿易商來此定居。鄂圖曼帝國統治期間，凱奇凱梅特因獲得蘇丹青睞而受到保護，當地的古建築才得以完整保留。18 世紀，當代居民賴以為生的畜牧業，因過度飼養導致土地貧瘠，經濟每況愈下；至 19 世紀，農民開始在沙質土壤上種植葡萄與釀酒，才逐漸穩住陣腳……更有甚者，1880 年匈牙利的葡萄園遭蟲害嚴重毀損，全國只有凱奇凱梅特一處免疫，儘管沙地產出的葡萄酒品質並非最好，卻因產量穩定而攻佔 3 成市場。葡萄酒業的發達使農民與貿易商快速累積資本，財富促成豪宅的誕生，造就市中心一棟棟別具特色的新藝術運動風格建築。

INFO ··

凱奇凱梅特旅客服務處 Tourinform Kecskemét

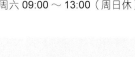

🏠 Kecskemét, Szabadság tér 5/A, 6000

📞 +36 76 800 040

🕐 平日 08:30 ～ 17:30（10 月至 4 月提早於 16:30 關門）、周六 09:00 ～ 13:00（周日休）

🌐 kecskemet.hu

怎麼去

　　由布達佩斯前往凱奇凱梅特，可選擇搭乘火車或巴士。凱奇凱梅特火車站與巴士站（Kecskemét, autóbusz-állomás）位置相近，距離市中心約 1 公里。以速度

最快的班次比較，火車需時 1 小時 17 分，巴士則為 1 小時 10 分，加上後者票價低（火車二等票 [IC]2,675Ft、[P]2,375Ft；巴士 1,680Ft），可以巴士為優先。欲搭乘火車者，需由布達佩斯火車西站出發，IC 與 P 車種均為每小時 1 班，基於兩者乘車時間相同且途中均不需轉車，可選搭票價略低的 P 車種。

凱奇凱梅特巴士站

返回布達佩斯的巴士多停在 13 號月台

`INFO` ....

布達佩斯 ↔ 凱奇凱梅特巴士資訊

🚌 人民公園巴士總站 ↔ 凱奇凱梅特巴士站
　 1080　Budapest–Dabas–Lajosmizse–Kecskemét
🕐 〔直達車〕布達佩斯發 06:40 ～ 21:30、
　 凱奇凱梅特發 05:40 ～ 20:10
🔲 班距：30 分一班（布達佩斯端逢 00、30 分發車；
　 凱奇凱梅特端逢 20、40 發車），假日減班
　 車程：1 小時 10 分
　 里程：80.1 公里
💲 1,680Ft
🔲 volanbusz.hu/hu/menetrendek/vonal-lista/vonal/?menetrend=1080

景 市政廳 Városháza

賞 · 建築之美

　　1897 年落成的市政廳，由匈牙利新藝術運動先驅萊希納（Lechner Ödön）與帕托斯（Pártos Gyula）共同設計建造，整體雖屬新藝術運動風格，卻也混和不少文藝復興與巴洛克風格，屋頂的陶瓷裝飾為喬納伊瓷器廠製造，造型融入馬

札爾人與突厥人的民間藝術元素。市政廳的內部規劃出自匈牙利浪漫主義畫家拜爾陶隆（Bertalan Székely）之手，他在會議廳的牆面繪製歷史人物與事件壁畫並鍍金，再配上精美細膩的彩色玻璃與雕花的木質席位和主席台，盡顯典雅華麗。

INFO ··

市政廳

🏠 Kecskemét, Kossuth tér 1, 6000
📞 +36 76 513 513
🕐 周一至周三 07:30 ～ 16:00、周四 07:30 ～ 18:00、
   周五 07:30 ～ 13:00（周六、周日休）
💲 500Ft   🖥 kecskemet.hu

 景

聖尼古拉斯教堂 Szent Miklós-templom

凱奇凱梅特宗教史

　　鄰近科蘇特廣場的聖尼古拉斯教堂初建於 1290 年，不僅是凱奇凱梅特最古老的建築，也是整座城市的天主教信仰中心。教堂以聖人聖尼古拉命名，祂被認為是會悄悄贈送禮物的聖徒，聖誕老人便是以聖尼古拉為原型。聖尼古拉教堂最初以羅馬式風格建成，後採哥德式風格重建，並逐步擴大規模，宗教改革時初期，

一度由天主教（舊教）與喀爾文主義教派（新教）信徒輪流入堂舉行禮拜。18世紀下旬，教堂先以巴洛克風格重修，再融入當時流行於中歐地區的科夫風格（Copf stílus，洛可可與古典主義間的過渡風格），形成今日多重融合的特殊建築形式。

INFO ··

聖尼古拉斯教堂

🏠 Kecskemét, Kossuth tér 5, 6000
📞 +36 76 497 025
🕐 平日 07:00 ～ 18:00、周六與周日 07:00 ～ 20:00
💲 免費
💻 facebook.com/Szent-Miklós-Templomigazgatóság-238322182920984

景 奇弗拉宮博物館 Cifrapalota

薑餅屋升級版

位在自由廣場（Szabadság tér）與 Rákóczi út 路交界處的奇弗拉宮博物館，坐落於一棟 1902 年建造的多用途公寓內，是凱奇凱梅特的地標性建築之一。公寓由匈牙利出生的猶太裔建築師馬庫斯（Márkus Géza）設計，整體屬新藝術運動風格，牆面裝飾著充滿活力的波浪形流動線條與色彩繽紛的民間藝術圖案，屋頂的琉璃瓦與蘑菇、煙囪、鴿舍等陶瓷飾品都是出自喬納伊瓷器廠。公寓最初被賦予商店、住宿、娛樂場、會議室等多重功能，直到 1983 年才專門作畫廊與博物館之用，除了以匈牙利現代藝術家作品和匈牙利考古文物為主題的常設展，也有回顧近現代歷史事件的特展。

INFO ………………………………………………

奇弗拉宮博物館

🏠 Kecskemét, Rákóczi út 1, 6000
📞 +36 76 480 776
🕐 10:00 ～ 17:00（周一休）
💲 700Ft、攝影 500Ft

 ## 凱奇凱梅特小酒館 Kecskeméti Csárda és Borház

餵飽你是我們的使命

　　以木酒桶為招牌的凱奇凱梅特小酒館，坐落於擁有近 200 年歷史的古建築內，供應超過百種傳統匈牙利料理與國產葡萄酒，食客可在此遍嘗頗具水準的道地菜餚。菜單上的選項非常多，拿不定主意該點哪一道？可請親切專業的服務生提供建議，除了主餐，筆者十分推薦熱前菜──鮮鵝肝佐茄汁培根（3,200Ft），不僅分量較適中，口味上也相對新奇。需留意的是，這間餐館是出名的大份量，沙拉、肉排、炸魚、甜點……無不裝尖裝滿，視覺上極具衝擊力，即使有變身大胃王的心理準備，還是免不了打包帶走的宿命。

INFO ………………………………………………

凱奇凱梅特小酒館

🏠 Kecskemét, Kölcsey u. 7, 6000
📞 +36 76 488 686
🕐 周一至周六 12:00 ～ 22:00、周日 12:00 ～ 16:00
💲 前菜 2,500Ft 起、湯品 990Ft 起、魚料理 2,400Ft 起、
　　家禽料理 2,600Ft 起、雙人肉類拼盤 6,000Ft 起、牛排 3,600Ft
👤 3,500Ft ～ 6,500Ft
🌐 kecskemeticsarda.hu

餐點份量極大

大推鮮鵝肝佐茄汁培根．

Part 5

暫離「布」鄉
布達佩斯出發的過夜行程

　　前往距布達佩斯逾 2 小時車程的城鎮，只到一處未免可惜，如可與周邊的地點一併順路造訪，確實是不錯的安排。以下將介紹 5 組適合規劃過夜行程的組合，除了佩奇之外，其餘各單元皆包含 2 ～ 3 個地點或景區。出發前，可將大件行李寄放旅館（返回布達佩斯後的住宿點）或火車、巴士站內的付費寄物櫃內（費用 400Ft起），免去抬行李奔波的辛苦。

焦爾 / 潘諾恩哈爾姆

古城+世遺

地處匈牙利西北的焦爾和潘諾恩哈爾姆，是擁有千年歷史的古城鎮，前者以巴洛克式建築馳名，後者則有世界文化遺產——潘諾恩哈爾姆千年修道院加持。由於兩地相距僅 20 公里，也有巴士穿梭其間，偏好歷史文化與世遺巡禮的遊人不妨計畫一趟 2 天 1 夜的雙古都輕旅行。行程設計方面，可以焦爾為中心，先乘巴士前往潘諾恩哈爾姆，遊覽小鎮與修道院後，再驅車返回焦爾市區觀光並住宿。

焦爾 Győr

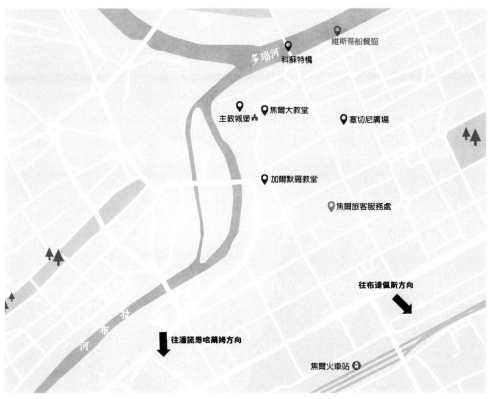

位居匈牙利第 6 大城市的焦爾，為焦爾 - 莫松 - 肖普朗州（Győr-Moson-Sopron megye）首府，該州地處境內西北部，與斯洛伐克、奧地利接壤。早在西元前 5 世紀就有凱爾特人定居於此，10 世紀初被馬札爾人佔領， 國王聖史蒂芬一世在當地建立主教區，並將城市改為現名。鑑於地理位置重要，焦爾自 13 世紀以降便屢遭戰火蹂躪，鄂圖曼帝國入侵期間，守城指揮官在「不可能成功抵禦土耳其人」的前提下，將整座城市焚毀，因此接收的土耳其人便將焦爾稱作「燒掉的城堡」（Yanık kale）。

經過數世紀的發展，焦爾於 17、18 世紀蛻變為一座繁榮美麗的巴洛克式城市，1743 年奧地利女大公瑪麗亞 · 特蕾莎（Maria Theresia Walburga Amalia Christina）將其提升為帝國自由城市（由神聖羅馬帝國皇帝直接管轄），擁有比一般城市更多的自由和特權。時至今日，焦爾為全國鐵路與公路交通的重要樞紐，是維也納、布達佩斯鐵路線的中間點，亦為前往世界文化遺產——潘諾恩哈爾姆千年修道院的必經之地。

INFO ·······································

焦爾旅客服務處 Tourinform

🏠 Győr, Baross Gábor út 21, 9021

📞 +36 96 336 817

🕐 平日 09:00 ～ 17:00、
周六 09:00 ～ 14:00（周日休）

📷 latogatokozpontgyor.hu

怎麼去

由布達佩斯前往焦爾，搭乘火車最為便捷，儘管火車東站、南站均有班次發車，但部分車程略長 30 分鐘。其中，以東站發車、車程 1.5 小時內的城際（IC）班次較理想。到達焦爾火車站後，往西北步行 500 公尺即達市中心。

布達佩斯 ↔ 焦爾推薦火車班次

去程	返程	班次資訊
東站 07:40 →焦爾 09:00	焦爾 12:56 →東站 14:19	
東站 08:10 →焦爾 09:35	焦爾 13:21 →東站 14:49	
東站 08:40 →焦爾 10:00	焦爾 14:21 →東站 15:49	
東站 09:10 →焦爾 10:35	焦爾 14:56 →東站 16:19	車程 1h20m ～ 1h28m
東站 09:40 →焦爾 11:00	焦爾 15:21 →東站 16:49	里程 140km
東站 10:10 →焦爾 11:35	焦爾 15:56 →東站 17:19	二等票 2,905Ft、一等票 3,535Ft
東站 11:10 →焦爾 12:35	焦爾 16:21 →東站 17:49	
	焦爾 16:56 →東站 18:19	

註：火車班表可能變動，以上資訊僅供參考。

加爾默羅教堂 Kármelita templom

巴洛克式傑作

坐落在維也納門廣場（Bécsi kapu tér）南側的加爾默羅教堂，是焦爾最美麗的巴洛克式建築與天際線不可或缺的一部分。教堂落成於 1724 年，主體結構是在橢圓形的底座上覆蓋一座傾斜的穹頂，再向左

右延伸出，面向廣場的背光陰暗立面與巴洛克式塔樓。堂內為長方形格局，前台兩側有兩座華麗精緻的小教堂，中央的主祭壇屬典型巴洛克式風格，有許多先知、聖人與天使的塑像，上祭壇描繪摩西的故事，下祭壇主題則是「向無玷聖女致敬」，畫中的三位主要人物分別為中間的聖母瑪利亞，以及跪在祂面前的匈牙利開國君主聖史蒂芬一世和他英年早逝的兒子聖伊姆雷（Szent Imre）。

INFO ·······················

加爾默羅教堂

🏠 Győr, Aradi vértanúk útja 2, 9021
📞 +36 96 618 863
🕐 周一至周六 08:30 ～ 10:00、15:30 ～ 17:00；周日 09:30 ～ 11:00
💲 免費

 ## 塞切尼廣場 Széchenyi tér

城市之心

塞切尼廣場為市中心一座巴洛克風格的主廣場，數百年來見證焦爾的重要時刻：中世紀時，這裡是貿易市場的所在地；鄂圖曼帝國佔領期間，廣場上設置侮辱意味濃厚的恥辱柱，是處決犯人、殺雞儆猴的公開刑場；目前周圍林立多棟 17 ～ 18 世紀建成的巴洛克式建築，為市民平日散步休憩的首選。廣場東側有一尊聖母瑪利亞抱著小耶穌的石柱（Mária-oszlop），為市政府紀念 1686 年神聖羅馬帝國自土耳其人手中收復布達而豎立，現仍有市民前來獻花、表達敬意。

INFO ·······················

塞切尼廣場

🏠 Győr, Széchenyi tér, 9021   🕐 全天

景 主教城堡 Püspökvár

「堡」藏美景

緊鄰焦爾大教堂（Győri Bazilika）的主教城堡，初建於 12～13 世紀，為焦爾最古老的建物之一，之後經歷多次重修，目前是當地主教的居所，高 4 層的大樓為主教城堡的核心部分，整體屬巴洛克式風格。主教城堡內有一座建於 18 世紀的高塔，遊客可在城堡內的旅客服務處購票，再由右側的木門進入塔樓，循旋轉樓梯一路往上，便可眺望焦爾市區全景。塔樓的底層是以 Vilmos Apor 神父（1892～1945）為主題的展覽室，講述二戰後期擔任焦爾大主教的 Vilmos Apor 不畏強權，挺身護衛躲藏在教堂地窖、手無寸鐵的老弱婦孺而遭士兵槍擊犧牲的事蹟。

INFO ⋯⋯⋯⋯⋯⋯⋯⋯⋯⋯⋯⋯⋯⋯⋯⋯⋯⋯⋯⋯⋯⋯⋯

主教城堡高塔

🏠 Győr, Káptalandomb 1, 9021
📞 +36 30 793 2959
🕐 10:00～18:00　💲 1,000Ft
🔍 主教城堡的旅客服務處位於焦爾大教堂（背對教堂）的右斜對面，到達服務處前，需穿過豎立 Vilmos Apor 神父塑像的小庭院），再推開左側側門即達。服務處除提供旅遊諮詢，也販售具焦爾特色的紀念品。

維斯蒂船餐館 Westy Hajó Étterem & Pub

饗食多瑙河上

位於多瑙河上的維斯蒂船餐館，開設在碼頭旁的固定船舶上，供應種類繁多的中歐料理與花樣繽紛的各式調酒。餐館空間屬美式混搭風格，散發隨興自在的氛圍，在此用餐不只能品嘗豐盛美味的食物，還可欣賞毫無遮蔽的河岸風光。除了價格相對略高的單點菜式，餐館在平日中午 11:30 ～ 14:00 也推出要價僅 1,200Ft 的商業午餐，內容包括湯品（3 選 1）與主菜（5 選 1），超值划算。

INFO ···

維斯蒂船餐館

- Győr, hajó, Móricz Zsigmond rkp. II, 9022
- +36 96 337 700
- 周一至周四 11:30 ～ 22:00、周五 11:30 ～ 23:00、周六 11:00 ～ 23:00、周日 11:00 ～ 22:00
- 前菜 2,190Ft 起、湯品 950Ft 起、義大利麵 2,590Ft 起、主菜 2,690Ft 起、牛排 3,290Ft 起、甜點 990Ft 起
- 1,200Ft ～ 5,000Ft
- hajoetterem.hu

潘諾恩哈爾姆 Pannonhalma

↑
往焦爾方向

📍 潘諾恩哈爾姆
千年修道院

🚏 Pannonhalma, vár főkapu 公車站

📍 潘諾恩哈爾姆旅客服務處

潘諾恩哈爾姆（或譯作蓬農豪爾毛）因世界遺產——潘諾恩哈爾姆千年修道院而廣為人知，位在州府焦爾東南方 19 公里，是一座人口近 4 千的小型聚落，1965 年前的名稱為傑森特馬頓（Gyorszentmárton）。潘諾恩哈爾姆的歷史可回溯至羅馬統治時期，據稱是基督教聖人馬丁（Tours-i Szent Márton，316 ～ 197，傳

說祂曾割袍贈與化身乞丐的耶穌）的出生地（另一說是西部城市松博特海伊 Szombathely），鎮內可見聖馬丁的雕像，千年修道院所在的山丘也稱作聖馬丁山（Márton-hegy，海拔 282 公尺）。潘諾恩哈爾

姆市區範圍不大，附近也有葡萄園與酒莊，造訪世界遺產之餘也不妨隨意走走，享受悠哉閒適的小鎮風光。

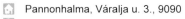
潘諾恩哈爾姆旅客服務處 Tourinform

🏠 Pannonhalma, Váralja u. 3., 9090
📞 +36 96 960 072
🕐 6 月至 8 月平日 09:00 ～ 17:00、周六 10:00 ～ 15:00（周日休）；9 月至 5 月周二至周四 08:0 ～ 16:00、周五 08:00 ～ 17:00、周六 08:00 ～ 15:00（周一、周日休）
📱 pannonhalma.hu

怎麼去

由布達佩斯前往潘諾恩哈爾姆，不論搭乘巴士或火車幾乎都要在焦爾換車，僅有一班自人民公園巴士總站發出、途經焦爾的「1268 Budapest–Győr–Pannonhalma」直達，但班次少（每日一班往返）且時間不理想（布達佩斯 16:00 發→潘諾恩哈爾姆 18:30

到：潘諾恩哈爾姆 11:25 發→布達佩斯 14:00 到）對遊客而言較難利用；如選擇由火車東站、南站乘火車前往（車程 2 ～ 3 小時），則需再走 2 公里的上坡路才能到達修道院。整體而言，最理想的辦法是在焦爾火車站後方的巴士站（Győr, autóbusz-állomás）搭乘開往「Pannonhalma, vár főkapu」的 7017、7030 車班，上車購票、車程約 30 分，終點站即為修道院。

潘諾恩哈爾姆千年修道院 Pannonhalmi Főapátság

世界級的宗教建築群

潘諾恩哈爾姆千年修道院創建於西元 996 年，由匈牙利第一任國王聖史蒂芬一世的父親蓋薩大公（Géza）下令興建，12 世紀遭逢祝融侵襲，今日所見大多完成於 13 ～ 19 世紀，包括：羅馬式基督教堂（1225 年）、哥德式修道院（1486

年）、巴洛克式食堂（18世紀中）與收藏近40萬卷珍貴史料的圖書館（19世紀上半）等。作為基督教傳播的起點，修道院不僅是匈牙利最具歷史的建築，亦為境內唯一完整保存的本篤會宗教建築群，鑑於豐厚的歷史宗教價值，聯合國教科文組織在1996年將其列入世界遺產。

潘諾恩哈爾姆千年修道院現仍有約50名的本篤會修士在此生活，禱告念經之餘也從事農業（種植薰衣草、生產薰衣草油）與經營酒廠（種植葡萄樹、釀造葡萄酒）、旅社和餐館。修道院建築群內還有一所天主教寄宿學校——本篤會高中（Pannonhalmi Bencés Gimnázium, Egyházzenei Szakközépiskola és Kollégium），該校的前身可追溯至10世紀，為中歐乃至世界最古老的學校之一，也是匈牙利知名的貴族中學。

INFO ....

潘諾恩哈爾姆千年修道院

🏠 Pannonhalma, Vár 1, 9090

📞 +36 96 570 100

🕐 6月至8月09:00〜18:00；5月、9月09:00〜17:00；3月22日至4月30日、10月1日至11月11日09:00〜16:00；1月16日至3月20日、11月12日至12月30日10:00〜15:00（淡季周一休，5月至9月無休；以上為售票時間，售票結束後1小時清場，每年時間略有變動）

💲 2,400Ft（含語音導覽，有中文版）　📷 bences.hu

希歐福克／蒂豪尼／黑維茲
巴拉頓湖

　　位於匈牙利中西部的巴拉頓湖，總長 78 公里、寬 14 公里，呈狹長型，湖水屬微鹹性、清澈見底，平均深度 3.0 ～ 3.6 公尺。巴拉頓湖的集水區面積達 5,181 平方公里（日月潭的 650 倍、19 個台北市），是中歐第一大湖，暴風雨來臨時可掀起 1.8 公尺巨浪，因此也被稱作「匈牙利海」。巴拉頓湖畔城鎮長年來都是貴族避暑／庶民止步的度假中心，直到 19 世紀末，隨著鐵路運輸的開通，中產階級平民才開始大量湧入。特別的是，20 世紀的六、七十年代，巴拉頓湖除了是東德等東歐共產國家居民經常造訪的景點，西德人也獲准到此旅遊，一些因柏林圍牆而分隔的東西德居民，便藉著巴拉頓湖短暫重聚。

　　巴拉頓湖四周不乏值得造訪的大城小鎮，其中希歐福克及其對岸的蒂豪尼，因可搭乘渡輪快速往返，而成為人氣最旺的 1 ＋ 1 雙城組合；至於地處西側的黑維茲，則是可終年享受藥浴洗禮的溫泉勝地。暢遊巴拉頓湖，最便捷的方式莫過自駕，搭乘巴士、火車等大眾運輸工具雖也可行，只是相對耗時麻煩，轉乘途中也需格外留意車班時間，一旦錯過就得有空等 1、2 小時（甚至無車可搭）的心理準備。

　　規劃巴拉頓湖旅行時，可以希歐福克或蒂豪尼為據點向黑維茲等延伸——偏好保健養生的可前往鄰近蒂豪尼的巴拉頓菲賴德（Balatonfüred），這裡的泉水對心臟病具有療效；喜愛自然景觀的遊客可至鄰近黑維茲的凱斯特海伊（Keszthely），探訪設施完備的溼地保護區及建於 18 世紀中的巴洛克式建築——菲斯提蒂茲宮（Festetics-kastély）；熱中音樂派對的朋友則可於 7 月前往毗鄰希歐福克的佐馬爾迪（Zamárdi），參與歐洲規模最大的戶外電子音樂節「巴拉頓之聲」（Balaton Sound）。本文提供的大眾運輸規劃是以「希歐福克進、經蒂豪尼、黑維茲返」為主軸，班次可能有所變更，實際搭乘前，請至 MÁV 官網查詢或現場確認。

2 天 1 夜交通規劃

第 1 日	火車南站（Budapest-Déli）07:35 或 08:00 發→希歐福克（Siófok）08:55 或 09:37 到。 直達、車程 1h20m ～ 1h37m、二等票 2,350Ft
	希歐福克乘公車 6305、6308 →桑托德碼頭（Szántód hajóállomás）乘渡輪→蒂豪尼碼頭（Tihanyi Rév）乘小火車→蒂豪尼（Tihany）。 總車程約 50m ～ 1h30m
第 2 日	蒂豪尼乘公車 7661、7351 →巴拉頓菲賴德巴士站（Balatonfüred, autóbusz-állomás）乘公車 1190、1626、1629、1735 →黑維茲（Héviz）。 總車程約 2h ～ 3h
	黑維茲巴士站（Héviz, autóbusz-állomás）17:30 或 18:30 發→人民公園巴士總站（Népliget autóbusz-pályaudvar）20:15 或 21:10 到。 車程 2h40m、票價 3,410Ft

希歐福克 Siófok

位在巴拉頓湖東部盆地南岸的希歐福克，地處布達佩斯西南 110 公里處，隸屬紹莫吉州（Somogy），與蒂豪尼半島（Tihanyi-felsziget）隔湖相對。希歐福克

不僅是擁有優美湖岸線、沙灘和豐富夜生活的湖濱度假勝地，亦為湖區最具規模的商業及旅遊中心，故又有「巴拉頓湖首府」的別稱。每逢夏季，這裡都會吸引蜂擁而來的遊客，享受內陸國家難得一見的日光浴、水上活動與海灘派對。湖濱大道旁各式商家餐館林立，附近也有公園和露營場，滿足人們多樣化的度假需求。

`INFO` ···

希歐福克旅客服務處 Tourinform Iroda - Siófok

🏠 Siófok, Fő tér 11, 8600（水塔觀景台下方）
📞 +36 84 696 236
🕐 平日 08:00 ～ 16:30（周六、周日休）
🖥 siofokportal.com

怎麼去

　　由布達佩斯前往希歐福克，乘坐火車最為方便。其中，以南站發車、車程 1.5 小時以內、免轉車的直達班次最為理想。希歐福克火車站本身就位於市中心，毗鄰各景點。希歐福克公車總站（Autóbuszállomás Siófok）就位於火車站前，旅客可由此搭乘巴士 5916、6035、6038 等班次前往 13 公里外的桑托德碼頭（Szántód hajóállomás，巴士站名 Szántód, rév bejárati út，往湖畔步行 500 公尺即達），再由此乘渡輪至蒂豪尼。

 希歐福克
火車站地址

 桑托德
碼頭地址

希歐福克公車總站

希歐福克火車站

布達佩斯 ↔ 希歐福克推薦火車班次

去程	返程	班次資訊
南站 07:35 →希歐福克 08:55	希歐福克 13:03 →南站 14:24	
南站 08:00 →希歐福克 09:37	希歐福克 13:50 →南站 15:29	
南站 09:35 →希歐福克 10:55	希歐福克 15:03 →南站 16:24	車程 1h20m ～ 1h39m 里程 115km 票價 2,350Ft ～ 2,375Ft
南站 11:35 →希歐福克 12:55	希歐福克 15:51 →南站 17:29	
南站 12:30 →希歐福克 14:06	希歐福克 17:03 →南站 18:24	
	希歐福克 19:03 →南站 20:24	

註：火車班表可能變動，以上資訊僅供參考。

水塔觀景台 Siófok Víztorony

當儲水已成往事

聳立於主廣場（Fő tér）的水塔觀景台，無疑是希歐福克最壯觀的建築。水塔高 41.3 公尺，初建於 1912 年、1935 年重建，二戰後期因砲擊遭毀，1946 年修復並繼續運作。1970 年代，由於巴拉頓湖興建水庫導致水塔失去實用價值，1980 年正式結束供水任務，轉型為希歐福克的地標性景點，21 世紀初一度關閉，2010 ～ 2012 年進行全面整修並重新開放。目前，水塔有兩座全景電梯將遊客運送至塔樓上層，不僅可在此 360°俯瞰整座城市，還能在附設的旋轉咖啡廳凌空享受午茶時光。

INFO ··

水塔觀景台

🏠 Siófok, Fő tér 11, 8600
📞 +36 30 244 8888
🕐 6 月至 9 月 09:00 ～ 00:00；10 月至 5 月周二至周四與周日 10:00 ～
   17:00、周五 10:00 ～ 21:00、周六 10:00 ～ 22:00（淡季周一休）
💲 850Ft
🌐 viztorony.com

 路德教會 Evangélikus Templom

這座教堂不一般

　　位於奧盧公園（Oulu park）的路
德教會，建於 1987 ～ 1990 年，是建
築師同時也是匈牙利有機建築的創建
者馬科韋克斯（Makovecz Imre）在
建築與居所的整合概念下，設計的一
棟風格特殊的木造有機建築。取名為
「基督之船」（Krisztus hajójának）
的教堂主要包含 4 個部分，主建築的大門象徵天使翅膀，頂端則為生命之樹與十
字架，意喻生命的終點是通往永生的道路。堂內並未
設置主祭壇，而是放置匈牙利雕刻家佩特菲（Péterfy
László）的木雕作品——復活的基督（Föltámadott
Krisztus，1990）。

INFO ··

路德教會

🏠 Siófok, Oulu park, 8600
📞 +36 84 310 549
🕐 10:00 ～ 12:00（周日與假日 10:00 舉行禮拜）
💲 免費

和平天使塔 A béke jóságos angyala

世界大會紀念碑

和平天使塔位在希歐福克港口東端碼頭上,是一座高 10 公尺的導航塔與地標,該塔於 2012 年 9 月 5 日──第六屆世界芬蘭-烏戈爾語族人民大會(Finnugor Népek Világkongresszusa)在希歐福克召開時揭幕。塔頂端為一座手捧和平鴿的鍍金天使,該雕像由俄羅斯雕塑家司克朗斯基(Pjotr Tyimofejevich Stronszkij)創作,具有象徵和平、友誼和國際共識的正面意義。

`INFO` ⋯⋯⋯⋯⋯⋯⋯⋯⋯⋯⋯⋯⋯⋯⋯⋯⋯⋯⋯⋯⋯⋯

和平天使塔

🏠 Siófok, Krúdy stny., 8600
🕐 全天

 蒂豪尼 Tihany

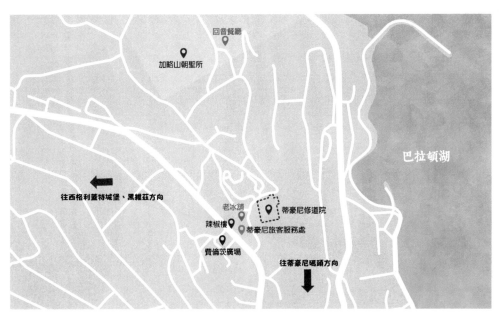

　　蒂豪尼是維斯普雷姆州（Veszprém）轄下的一個鎮，位在巴拉頓湖北岸的蒂豪尼半島上，是欣賞巴拉頓湖的最佳位置，半島早在史前時代就有人類居住，蘊含豐富的歷史古蹟與自然寶藏。以薰衣草聞名的蒂豪尼，不僅夏季可見美麗的薰衣草花田，家家戶戶也熱中園藝，舊時平房以陶器、玉米、辣椒、花卉等妝點得清新可愛，步行其間猶如走進童話故事。此外，百餘年前蒂豪尼就以加略山（Kálvária）東側的神奇回音廣為人知，當時山上可聽到多達 16 個音階的回音。儘管 1960 年代開始因地貌改變而減弱，但無風安靜的夜晚仍可聽到清晰的回音，周邊也有以「回音」（匈牙利文 Visszhang，英文 Echo）為名的道路、旅館、商店、餐館、幼兒園和雕像等。

　　石頭為蒂豪尼的傳統建材，石頭屋頂覆蓋生長於巴拉頓湖的蘆葦草，兼具防雨、保暖的作用，牆面以白色為主體，其中一面使用玄武岩石，窗戶周圍則有白色框架，具有很高的辨識度。根據當地文獻紀錄，蒂豪尼在 19 世紀初曾是收獲豐富的漁村，漁民具備冬季和水下捕魚的技術，時至今日，當地仍保有這種別具特色的捕撈活動。

除了徒步遊覽蒂豪尼，小火車（Kisvonatok）也是相當便利的觀光兼運輸工具。遊客可於鎮中心的費倫茨廣場（Mádl Ferenc tér，辣椒樓對面），搭乘小火車前往半島南側的蒂豪尼碼頭（Tihanyi Rév，里程 3.5 ～ 4.5km，可於此乘渡輪至對岸的桑托德碼頭，再乘車前往希歐福克），4 月至 10 月 09:00 ～ 20:30 行駛、平均 20 分鐘一班；淡季 10:00 ～ 17:00 行駛、平均 30 分鐘一班，車程約 10 ～ 15 分鐘，票價 500Ft。

INFO ··

蒂豪尼旅客服務處 Tourinform

🏠 Tihany, Kossuth Lajos utca 20., Tourinform, 8237
📞 +36 87 448 804
🕐 6 月 15 日至 8 月 31 日平日 09:00 ～ 18:00、周六 10:00 ～ 18:00、周日 10:00 ～ 17:00；5 月 1 日至 6 月 14 日＆9 月平日 09:00 ～ 17:00、周六與周日 10:00 ～ 16:00；4 月平日 10:00 ～ 17:00、周六 10:00 ～ 15:00（周日休）；1 月 2 日至 4 月 15 日＆10 月至 12 月平日 10:00 ～ 16:00（周六、周日休）
🖥 tihany.hu

蒂豪尼小火車

🖥 kisvonat-tihany.hu

怎麼去

由布達佩斯至蒂豪尼的大眾運輸並不便利，巴士僅 1、2 班、火車只能搭到鄰近的巴拉頓菲賴德，因此遊客多會選擇從對岸的希歐福克乘車（或自駕）至桑托德碼頭（兩者相距約 12 公里），再搭乘渡輪前往。渡輪單趟航程 8 分鐘，旺季（3 月中至 11 月初）每 40 分或更短一班、淡季每小時一班，汽機車等交通工具也可付費搭乘。

 INFO

桑托德碼頭 Szántód hajóállomás ↔ 蒂豪尼碼頭 Tihanyi Rév 渡輪

🏠 Szántód, Tihany u. 9, 8622（桑托德碼頭）

📞 +36 84 348 744

💲 700Ft、汽車 1,700Ft（人與汽車分別計價）

🖥 balatonihajozas.hu

🔍 渡輪營運時間隨淡旺季而有差異，一般為早上 7 點左右開始，晚間 6、7 點結束，夏季時會延長至 8、9 點甚至 11 點，詳細時刻表請至網站查詢。

景 蒂豪尼修道院 Tihanyi Bencés Apátság

見證湖畔千年史

　　蒂豪尼修道院由國王安德烈一世（I. András magyar király，聖史蒂芬一世的姪子）於 1055 年建立，他去世後被安葬於此，是唯一保存至今的中世紀匈牙利國王墓穴。修道院雖在蒙古軍入侵時倖免於難，卻在與土耳其人的戰鬥中遭受破壞，1683 年更因火災導致建物毀損。18 世紀陸續進行重建工程，即今日所見的巴洛克式風格教堂，1752 年增設的兩座塔樓至今仍是蒂豪尼半島的重要象徵。修道院現隸屬天主本篤會，除是神職人員養成居住的場所，也有部分為對外開放的博物館，並定期舉辦展覽和音樂會。

 INFO

蒂豪尼修道院

🏠 Tihany, I. András tér 1, 8237　　📞 +36 87 538 200

🕐 周一至周六 10:00 ～ 16:00、周日 11:15 ～ 16:00

💲 1,200Ft　　🖥 tihanyiapatsag.hu

 辣椒樓 PaprikaHáz

房子好辣！

極具視覺衝擊性的辣椒樓，房子四周與門面掛著密密麻麻的紅色乾辣椒，與後方白色立面的蒂豪尼修道院形成有趣對比。辣椒樓顧名思義販售各種類型的新鮮辣椒與加工製品，包括辣椒粉、辣椒醬等，唯店內不可拍照。

INFO ··

辣椒樓

🏠 Tihany, Kossuth Lajos u. 18, 8237
🕐 10:00 ～ 16:00

 加略山朝聖所 IV. Károly Kálvária

山丘上的信仰

位在加略山上的朝聖所，建於 1926 年，由數個小型白色教堂與青銅浮雕組成。1960 年，基於當時共黨統治的因素而被拆除，浮雕暫時擱置布達佩斯的聖瑪格麗特 教 堂（Árpád-házi Szent Margit-

templom）。1990 年代，隨著政治制度
改變，朝聖所也獲得重建，最近一次翻
修工程於 2012 年完成。

INFO ··

加略山朝聖所

🏠 Tihany, Kálvária, 8237
🕐 全日

老冰舖 Bodza Fagylaltozó

薰衣草的滋味

2015 年開業的老冰舖，位於蒂豪尼中
心，供應自製的義式冰淇淋與咖啡、新鮮果
汁等軟性飲料，用料實在、口感清爽。除常
見的口味，老冰舖也將當地種植的薰衣草融
入商品，其中巧克力薰衣草冰淇淋和薰衣草
檸檬汁都是必點的招牌商品。

INFO ··

老冰舖

🏠 Tihany, Borsos Miklós tér 1, 8237
📞 +36 30 267 0499
🕐 3 月中至 10 月下旬 09:30 ～ 20:00（淡季休）
💲 350Ft ～ 700Ft
📱 facebook.com/BodzaFagylaltozo

回音餐廳 Echo Étterem

坐享無價湖景

鄰近加略山的回音餐廳，地理位置優越，食客在享用匈牙利料理的同時，亦
可欣賞蒂豪尼小鎮與巴拉頓湖全景。餐廳包含 3 個用餐區，如果天氣晴朗，不妨
坐在擁有 240°開闊視野的二樓全景露臺，細細品嘗湖畔瞬息萬變的光影變化。

需留意的是，回音餐館的料理份量較匈牙利一般平均值略少、價錢略高，但對臺灣人而言依舊不少也不高。

INFO ···

回音餐廳

🏠 Tihany, Viszhang domb 23., 8237
📞 +36 70 946 6687
🕐 10:00 ～ 21:00
💲 前菜 2,400Ft、湯品 1,250Ft 起、主菜 1,650Ft 起、甜點 850Ft 起、咖啡 490Ft
👤 2,500Ft ～ 4,500Ft
🌐 echoetterem.hu

 景

西格利蓋特城堡 Szigligeti vár

流轉的城堡

地處蒂豪尼與黑維茲間、毗鄰 71 號公路的西格利蓋特城堡，最早由潘諾恩哈爾姆修道院於 1260 ～ 1262 年修建，未幾被國王貝拉四世購入。城堡早年在軍事上具有重要地位，只是與許多建在山丘上的中世紀堡壘一樣，西格利蓋特城堡也難逃遭雷擊毀壞的命運，當時擁有城堡的匈牙利貴族家庭 Lengyel család 無力修復，再隨著鄂圖曼帝國的佔領，澈底失去戰略意義。

1702 年，神聖羅馬帝國皇帝利奧波德一世（Leopold I）在拉科齊獨立戰爭期間（由匈牙利民族英雄拉科齊帶領，試圖推翻哈布斯堡王朝統治的獨立運動），下令將可供起義軍利用的堡壘盡數摧毀，其中就包括西格利蓋特城堡，爾後附近居民索性「廢物再利用」，將城堡石材拿來興建民宅。時序邁入 20 世紀，官方陸續出資將城堡加固，2017 年更展開新一波的修復計畫，目前為一座結合城堡遺跡、VR 虛擬實境與中世紀射箭表演的觀光園區。

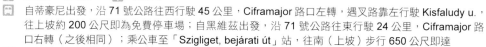

INFO

西格利蓋特城堡

🏠 Szigliget, Magyarország, 71123, 8264

🕐 09:00 ～ 20:00　　💲 800Ft

🚌 自蒂豪尼出發，沿 71 號公路往西行駛 45 公里，Ciframajor 路口左轉，遇叉路靠左行駛 Kisfaludy u.，往上坡約 200 公尺即為免費停車場；自黑維茲出發，沿 71 號公路往東行駛 24 公里，Ciframajor 路口右轉（之後相同）；乘公車至「Szigliget, bejárati út」站，往南（上坡）步行 650 公尺即達

🖥 szigligeti-var.hu

黑維茲 Hévíz

以溫泉湖享譽盛名的黑維茲，是一座廣受喜愛的觀光城市，每年吸引破百萬的國內外遊客造訪，其中以德國、俄羅斯與奧地利旅客為大宗。除了溫泉，這裡也擁有悠久的釀酒史，黑維茲湖以北約 3 公里的小鎮埃格雷吉（Egregy），便聚集數間質量頗高的餐酒館與酒莊。

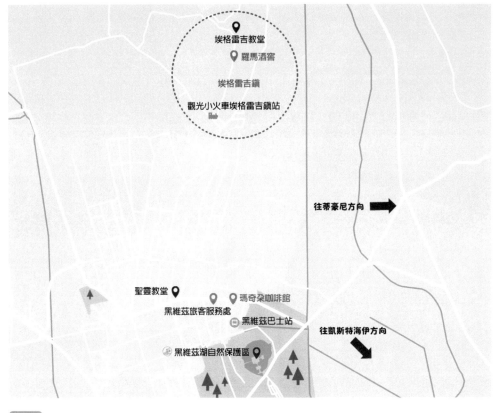

INFO ···

黑維茲旅客服務處 Tourinform Hévíz

🏠 Hévíz, Rákóczi u. 2, 8380　　⤵ +36 83 540 131　　◎ heviz.hu
🕐 周一至周五 09:00 ～ 17:00、周六 10:00 ～ 16:00（周日休）

怎麼去

　　由布達佩斯前往黑維茲，可選擇搭乘火車或巴士，前者最近只能到相距 6 公里的巴拉頓湖畔城市凱斯特海伊，再轉乘當地公車 6355、6375、6216（車程約 15 分）；至於可直達市中心黑維茲巴士站（Hévíz, autóbusz-állomás）的後者，則相對便利許多。

INFO ··

布達佩斯 ↔ 黑維茲巴士資訊

🚌 人民公園巴士總站 ↔ 黑維茲巴士站
路線：1188　Budapest–Keszthely–Hévíz–Zalaegerszeg–Lenti

🕐 布達佩斯發 07:00、09:00、11:00、14:15、19:00、22:00；
黑維茲發 07:00、09:30、09:40、12:30、12:40、14:30、15:30、16:30、17:30、18:30

🔍 車程：2 小時 40 分　里程：196.6 公里　　💲 3,410Ft

📱 volanbusz.hu/hu/menetrendek/vonal-lista/vonal/?menetrend=1188

 聖靈教堂 Szentlélek-templom

水藍色教堂

　　聖靈教堂是黑維茲當地最具規模的教堂，1996 年動工、1999 年 9 月 9 日落成，可同時容納千位教友。教堂結合傳統哥德式建築與現代風格的元素，7 座塔樓則象徵神的七靈——耶和華的靈、智慧的靈、聰明的靈、謀略的靈、能力的靈、知識的靈及敬畏耶和華的靈，由於塔樓牆面為水藍色，因此又被稱作「藍色教堂」（Kék Templomként）。聖靈教堂內部為木造結構，具有良好的音響效果，除了例行彌撒，也是舉行婚禮及管風琴音樂會的熱門場所。

INFO ··

聖靈教堂

🏠 Hévíz, Széchenyi utca, 8380　　📞 +36 83 343 134

🕐 08:00 ～ 18:00　　💲 免費

黑維茲湖自然保護區 Hévízi-tó Természetvédelmi terület

徜徉溫泉湖

地處巴拉頓湖西端的黑維茲湖，表面積達 4.75 萬平方公尺，是世界上極具規模的溫泉浴場。黑維茲湖的水源來自 38 公尺深的湧泉，不僅含硫、二氧化碳、鈣、鎂和碳酸氫鹽等豐富礦物質成分，也具有輕微放射性。湧泉溫度在 40 ℃上下，出水量達每秒 410 公升，約 72 小時就能全面更換一輪，不僅使湖水擁有極高的清潔度，更能保持終年不結凍。水溫方面，冬季不低於 24℃、夏季可達 38℃，泳池深度在 2 ～ 3 公尺間。

黑維茲湖的歷史可回溯至石器時代末期，當時溫泉的治療功能已廣為人知。2 世紀時，羅馬人在此奠定浴場文化的基礎；18 世紀中，匈牙利貴族菲斯提茲家族（Festetics család）開始對泉水進行科學化的研究，並將其開發為水療中心。時至今日，黑維茲湖浴場（Hévízi Tófürdő）是一座全年開放的戶外度假勝地，遊客在享受溫泉、放鬆身心的同時，也能達到緩解疼痛、刺激新陳代謝、改善血液循環、緩解風溼症狀及運動傷害等效果。

INFO ···

黑維茲湖浴場

🏠 Hévíz, Csokonai u. 3, 8380　　📞 +36 83 342 830　　🕐 09:00 ～ 17:00
💲 3,000Ft（2 小時票）、3,700Ft（3 小時票）、5,200Ft（日票）
🌐 spaheviz.hu

瑪奇朵咖啡館 Macchiato Caffe & Lounge

甜點控必訪

2004 年開幕的瑪奇朵咖啡館，距離黑維茲湖僅 400 公尺，是一間高 CP 值的零負評輕食＆甜點店。店家擅長製作各式糕餅，精緻蛋糕售價台幣 50 元有找，其中以料多豐富的水果塔系列最為出色，不僅如此，自製的火腿三明治也蘊含道地的地中海氛圍。

`INFO` ···

瑪奇朵咖啡館

- Héviz, Széchenyi u. 7, 8380
- +36 30 969 4076
- 08:00 ～ 23:00
- 500Ft ～ 1,000Ft
- macchiato.hu

 埃格雷吉鎮 Egregy

坡上的葡萄園

埃格雷吉鎮自古以來因擁有優良的天然條件，而成為葡萄園與葡萄酒莊的聚集地，遊客不僅能在此嘗到精心釀造的美酒，亦可品嘗使用巴拉頓湖魚燉煮

的鮮美料理。小鎮北端有一座建於阿爾帕德時代（Árpád-kori）的中世紀羅馬式建築——埃格雷吉教堂（Egregyi templom），開放時間為4月至9月08:00～19:00、10月至3月08:00～16:00，教堂周圍則是同樣富有歷史的天主教墳場，氣氛莊嚴寧靜。

　　交通方面，黑維茲與埃格雷吉間有觀光小火車運行，可於黑維茲市中心上車，至DOTTO站下車，再沿指標往上坡步行約200公尺即達，票價單程1,000Ft、每小時一班，平日10:00～19:00市中心整點發車、假日12:30～18:30半點發車。自駕者可將車停放於小火車站附近的停車格，或沿斜坡將車輛開至小鎮，入口附近有空地可供迴轉與臨停。

`INFO` ·····························

羅馬酒窖 Római Pince

🏠 Hévíz, Dombföldi u. 1, 8380
📞 +36 30 916 9916
🕐 12:00 ～ 22:00
💲 開胃酒 1,200Ft ／ 4ml、湯品 590Ft 起、前菜 1,790Ft 起、主菜 2,490Ft 起
👤 3,500Ft ～ 5,500Ft
🌐 romaipince-heviz.hu

托卡伊／密什科茲／埃格爾

美酒＋溫泉

　　匈牙利東北部的 3 座城鎮托卡伊（世界遺產＋貴腐酒鄉）、密什科茲（洞窟溫泉）、埃格爾（公牛血＋土耳其浴），由於地理位置相近、交通網絡相連，適合規劃一趟串聯 3 地的美酒＋溫泉享樂小旅行。行程安排上，可以距離布達佩斯最遠的托卡伊為起點，至密什科茲泡湯兼過夜，再從埃格爾返回首都。

　　3 座城鎮間的大眾運輸工具除了火車，也有巴士穿梭，兩者各有優點，筆者建議來回布達佩斯以火車優先，其餘則視當下情況而定。本文提供的交通規劃是以平日火車的直達班次為基準，實際搭乘前，請至 MÁV 官網查詢即時班表，以免因火車班次調整、平假日不同而錯過車班。

2 天 1 夜交通規劃

第 1 日	火車東站（Budapest-Keleti）07:30 或 09:30 發→托卡伊（Tokaj）10:07 或 12:07 到。 直達、車程 2h37m、二等票 4,485Ft
	托卡伊 13:48 或 15:48 發→密什科茲（Miskolc-Tiszai）14:27 或 16:27 到。 直達、車程 39m、IC 二等票 1,270Ft
第 2 日	密什科茲 09:29 或 10:29 發→埃格爾（Eger）10:25 或 11:25 到。 Füzesabony 站轉乘、車程 56m、二等票 1,940Ft
	密什科茲 09:34 或 11:34 發→埃格爾 10:50 或 12:50 到。 Füzesabony 站轉乘、車程 1h16m、票價 1,490Ft
	埃格爾 17:04 或 19:04 發→火車東站 19:00 或 21:05 到。 直達、車程 1h56m 或 2h01m、票價 2,725Ft
	埃格爾 17:31 或 18:31 發→火車東站 19:30 或 20:30 到。 Füzesabony 站轉乘、車程 1h59m、二等票 3,025Ft

托卡伊 Tokaj

隸屬包爾紹德-奧包烏伊-曾普倫州（Borsod-Abaúj-Zemplén megye）的托卡伊，位於州府密什科茲以東54公里，以生產葡萄酒／貴腐酒聞名，鎮中心有多間觀光酒莊提供參觀和試飲。回顧托卡伊的歷史，早在1067年就有

種植葡萄園的紀錄，中世紀時成為皇家莊園和葡萄酒貿易中心，1867年奧匈帝國成立後，托卡伊獲得高度的發展，至第一次世界大戰爆發才中斷這波榮景。二戰後，一度發展緩慢，葡萄酒貿易中心地位也被鄰近的沙托勞爾堯烏伊海伊（Sátoraljaújhely）取代……直到1986年，托卡伊先因恢復鎮級地位，逐漸重拾往日風華，至2002年再以「托卡伊葡萄酒產地歷史文化景觀」（Tokaj-hegyaljai történelmi borvidék kultúrtáj）入選世界文化遺產，一躍成為廣受矚目的觀光熱點。

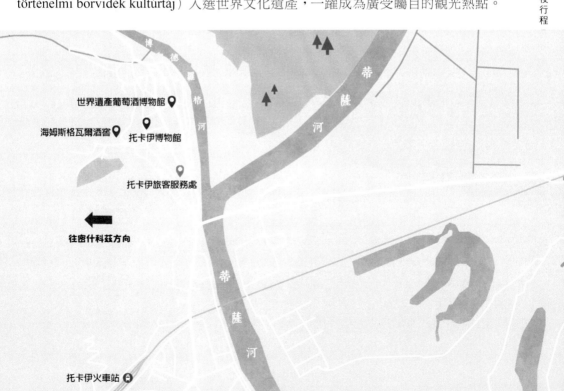

世界遺產葡萄酒博物館

海姆斯格瓦爾酒窖　　托卡伊博物館

托卡伊旅客服務處

往密什科茲方向

托卡伊火車站

遊覽托卡伊，除了步行，也可在旅客服務處租借腳踏車，收費半日（5 小時）1,200Ft、整日 2,000Ft，有意者請提前去信 tokaj@tourinform.hu 諮詢與預訂。

除了步行，也可騎腳踏車暢遊托卡伊

INFO

托卡伊旅客服務處 Tourinform Tokaj

🏠 Tokaj, Serház u. 1, 3910

📞 +36 70 388 8870

🕐 平日 09:00 ～ 16:00、周六 10:00 ～ 14:00（周日休）

🌐 tokaj-turizmus.hu

怎麼去

由布達佩斯前往托卡伊，搭乘火車最便捷，儘管火車東站、西站均有班次發出，但有些卻是動輒單程 5、6 小時的慢車。其中，以東站發車、車程 2.5 ～ 3 小時的城際（IC）班次較理想。到達托卡伊火車站後，往北循 38 號公路接 Mosolygó József u. 路直走約 20 分即達鎮中心。

布達佩斯 ↔ 托卡伊推薦火車班次

去程	返程	班次資訊
東站 07:30 →托卡伊 10:07	托卡伊 11:48 →東站 14:30	
東站 09:30 →托卡伊 12:07	托卡伊 12:20 →東站 15:30	車程 2h37m ～ 3h03m
東站 10:30 →托卡伊 13:33	托卡伊 13:48 →東站 16:30	里程 238km
東站 11:30 →托卡伊 14:07	托卡伊 14:20 →東站 17:30	去程二等票 4,485Ft 去程一等票 5,475Ft
東站 12:30 →托卡伊 15:33	托卡伊 15:48 →東站 18:30	返程二等價 4,545Ft ～ 4,605Ft
東站 13:30 →托卡伊 16:07	托卡伊 16:20 →東站 19:30	返程一等票 5,395Ft ～ 5,595Ft
	托卡伊 17:48 →東站 20:30	

註：火車班表可能變動，以上資訊僅供參考。

托卡伊火車站

 托卡伊博物館 Tokaji Múzeum

酒鎮濃縮史

　　1985 年開幕的托卡伊博物館，位於一棟 18 世紀末建成的雅致民居內，初期以托卡伊的葡萄園管理與葡萄酒生產為主題，2015 年時館方將此部分移交給 200 公尺外的世界遺產葡萄酒博物館，本身則專注於托卡伊的歷史及人類學領域。目前，館內常設展有托卡伊城堡考古遺跡、托卡伊山自然與人文遺址、教堂藝術與匈牙利傳統民族誌等，臨時展同樣以托卡伊和匈牙利的民間文化為主。

INFO ···

托卡伊博物館

🏠 Tokaj, Bethlen Gábor út 7, 3910　　📧 +36 47 352 636
🕐 5 月至 9 月平日 09:00 ～ 17:00、假日 10:00 ～ 18:00；
　 10 月至 4 月平日 09:00 ～ 17:00、假日 10:00 ～ 15:00（周一休）
💲 800Ft、組合票（托卡伊博物館 + 世界遺產葡萄酒博物館）1,500Ft
🔗 tokajimuzeum.hu

世界遺產葡萄酒博物館 Világörökségi Bormúzeum

歐洲酒莊小旅行

　　由荒廢建物翻新活化的世界遺產葡萄酒博物館，顧名思義是以葡萄酒為主軸的展覽中心，館方除了詳細介紹本地酒的種植、釀造與種類，亦羅列奧地利、法國、德國、義大利、葡萄牙、瑞士等歐洲國家的葡萄酒特色。除了靜態的文字照片、實物模型，館內也安排多個互動式的體驗展場，讓參觀者可透過虛擬實境的畫面，以步行、騎腳踏車、開車甚至乘熱氣球的方式遊覽各個酒莊。

`INFO` ·········

世界遺產葡萄酒博物館

🏠 Tokaj, József Attila u. 11., Serház u. 55, 3910
📞 +36 47 552 050
🕐 6 月至 8 月平日 09:00 ～ 17:00、假日 10:00 ～ 18:00；9 月至 5 月平日 09:00 ～ 17:00、假日 10:00 ～ 15:00（周一休）
💲 1,000Ft、組合票（托卡伊博物館＋世界遺產葡萄酒博物館）1,500Ft
📷 bormuzeum.eu

 海姆斯格瓦爾酒窖 Hímesudvar pincészet

喝紅酒 · 長知識

　　位於老建物內的海姆斯格瓦爾酒窖，以合理價位、親切解說與全年開放、免費參觀的優質服務，獲得網友一致好評和寂寞星球推薦的「最友好品酒地點」。酒窖傳承 500 年的古老釀造技術，在堅持不使用化學肥料與殺蟲劑的前提下，

需要耗費更多的人力與精神照料，由於過程中風險高、變數多，有時一年只有幾百瓶產量。

酒窖提供數款不同內容的品酒菜單，入門款的 Mini wine tasting 只需 1,990Ft 就可品嘗 5 種各 30cc 的葡萄酒，而包含 6 款各 50cc 葡萄酒的 Standard wine tasting，也僅收費 2,990Ft。想挑選托卡伊美酒，又不知如何下手？來這兒試飲選購準沒錯！

INFO ··································

海姆斯格瓦爾酒窖

🏠 Tokaj, Bem József u. 2, 3910
📞 +36 47 352 416
🕐 10:00 ～ 18:00
💲 免費參觀（不需預約）、品酒 1,900Ft 起
📱 himesudvar.hu

 密什科茲 Miskolc

地處匈牙利東北部的密什科茲，為國內第三大城（次於布達佩斯、德布勒森），早在舊石器時代就有人類居住的紀錄，是歐洲最古老的民居區之一。中世紀時，密什科茲成為貿易路線上的重要城鎮，鄂圖曼帝國佔領期間開始發展工業，二戰後穩居匈牙利第一大重工業城。近年，密什科茲大力發展旅遊觀光產業，除了知名的洞窟溫泉，鄰近也有迪歐斯捷爾城堡（Diósgyőri vár）、利亞菲里格宮殿（Lillafüredi Palotaszálló）、比克國家

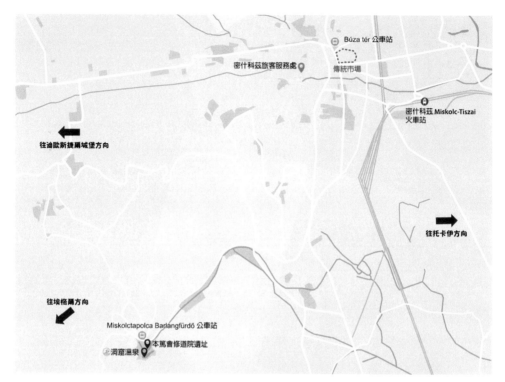

公園（Bükki Nemzeti Park）等景
點，如時間允許不妨前往一遊。

　　一般而言，旅客多會在市中心
的 Búza tér 公車站轉乘，該處不僅
鄰近密什科茲巴士站，旁邊還有
一座熱鬧非常的傳統市場，除了
新鮮水果肉類，也可見炸豬皮等
匈牙利傳統食物。

Búza tér 公車站對面的傳統市場

INFO ⋯⋯⋯⋯⋯⋯⋯⋯⋯⋯⋯⋯⋯⋯⋯⋯⋯⋯⋯⋯⋯⋯⋯⋯⋯⋯⋯⋯

密什科茲旅客服務處 MIDMAR Tourinform

🏠 Miskolc, Széchenyi utca 16, 3530　　📞 +36 46 350 425
🕐 平日 08:45 ～ 16:30、周六 09:00 ～ 14:00（周日休）
🚌 Villanyrendőr 電車站（1v、2v）以西 200 公尺
📷 hellomiskolc.hu

怎麼去

密什科茲巴士站

火車站對面的公車售票站

由布達佩斯前往密什科茲，乘坐火車最便利，雖然火車東站、西站皆有班次發出，但有些卻是耗時 5、6 小時的慢車。其中，以東站發車、車程 2 小時的城際（IC）班次較理想。需注意的是，密什科茲有兩個相鄰的火車站 Miskolc-Tiszai 與 Miskolc-Gömöri，往返布達佩斯、托卡伊、埃格爾的班次都停靠前者。

到達密什科茲火車站後，無論前往洞窟溫泉（公車 2 號）、迪歐斯捷爾城堡（電車 1v 至 Diósgyőr városközpont 站）等處，都需搭乘電車或公車。上車前，請先於書報攤或公車售票站購買車票，單程票每張 300Ft，由於上車向司機購買需多花 100Ft（售價 400Ft），為免麻煩，可先預算需多少張車票並一次購足。

布達佩斯 ↔ 密什科茲推薦火車班次

去程	返程	班次資訊
東站 07:30 → 密什科茲 09:26	密什科茲 12:29 → 東站 14:30	車程去 1h56m、車程返 2h01m
東站 08:30 → 密什科茲 10:26	密什科茲 13:29 → 東站 15:30	里程 182km
東站 09:30 → 密什科茲 11:26	密什科茲 14:29 → 東站 16:30	二等票 4,005Ft、一等票 4,855Ft
東站 10:30 → 密什科茲 12:26	密什科茲 15:29 → 東站 17:30	
東站 11:30 → 密什科茲 13:26	密什科茲 16:29 → 東站 18:30	
東站 12:30 → 密什科茲 14:26	密什科茲 17:29 → 東站 19:30	
東站 13:30 → 密什科茲 15:26	密什科茲 18:29 → 東站 20:30	

註：火車班表可能變動，以上資訊僅供參考。

密什科茲 Miskolc-Tiszai 火車站　　　　　火車站前的書報攤就有販售車票

 洞窟溫泉 Miskolctapolca Barlangfürdő

治療、觀光、遊樂場

洞窟溫泉自古以來便為人所知，但直到 16～17 世紀、鄂圖曼土耳其帝國統治匈牙利期間，才成為廣受歡迎的洗浴場所，目前所見規模則為 20 世紀中晚期陸續擴建。療效方面，天然形成的洞窟溫泉被證實有減輕關節疼痛的效果，由於泉源鹽分含量偏低且水溫不高（30°C，體感偏涼），不易出現泡溫泉常見的心悸頭暈等副作用。

洞窟溫泉主要分為室內與室外泳池區域，前者是園區的主要賣點，有兩座分別為 33°C 與 35°C 溫泉浴池、水溫 32°C 羅馬和星光大廳、30°C 的老洞窟溫泉及水療按摩池，全年開放；後者性質類似水上樂園，冬季關閉。浴場內也有融合傳統療法與現代科技的美體保健課程，提供修剪指甲、按摩排毒、緩解疼痛等付費服務。

INFO

洞窟溫泉

🏠 Miskolc, Pazár István stny. 1, 3519

📞 +36 46 560 030

🕐 09:00 〜 20:00（19:00 停止售票，冬季可能因氣溫太低暫停營業）

💲 2,050Ft、1,650Ft（17:00 以後入場）

🚌 Miskolctapolca Barlangfürdő 公車站（2、20）西南 300 公尺
路線：Miskolc-Tiszai 火車站→火車站前 Tiszai pályaudvar 公車站→乘 1 號線（經 3 站）→
Búza tér/Zsolcai kapu 公車站→順路右轉步行約 1 分→ Búza tér 公車站→乘 2 號線（經 15 站）→
Miskolctapolca Barlangfürdő 公車站，總需時 35 〜 50 分

🔗 barlangfurdo.hu

景 本篤會修道院遺址 Bencés Apátság Romjai

消失的修院

2004 年開始，考古學家在洞窟溫泉旁的區域進行試探性挖掘，陸續在地表下 1.5 公尺處，發現 11 〜 13 世紀時的本篤會修道院和密什科茲家族（與匈牙利皇室有血緣關係）墓地遺址，此應為密什科茲最古老的中世紀建築。關於本篤會修道院的書面資料很少，確切建成年份尚不可知；13 世紀時氣候變化導致降水增加、地下水位上升，本篤會修士們以泥土墊高地板，不僅解決滲水問題，也使修道院得以存續；16 世紀中，修道院因局勢動亂遭毀，附近居民索性將石頭等建材挖去使用；至 19 世紀末，已無人知曉這裡曾有一座本篤會修道院。目前，除了現存的遺址，修道院的石頭還可見於一座 18 世紀的酒窖與 1924 年落成的安娜酒店（Anna Szálló，現更名為 Anna Hotel）。

INFO

本篤會修道院遺址

🏠 Miskolc, Bencés Apátság Romjai, 3519

🕐 全日

埃格爾 Eger

　　埃格爾為匈牙利東北部重要的宗教與文化中心，早在首位國王聖史蒂芬時期就在此建立主教區，市中心不僅有規模宏偉的埃格爾總主教座堂、埃格爾城堡等古蹟，也可見流露異國風情的土耳其浴場。當然，來到埃格爾必會前往酒窖林立的「美人谷」，品嘗香氣濃郁芬芳、口感圓潤溫和、色澤鮮如牛血的名酒「公牛血」（Egri Bikavér）！

　　關於公牛血的名稱來源眾說紛紜，以 1552 年鄂圖曼帝國出兵埃格爾的故事流傳最廣。當時大半匈牙利都落入土耳其人手中，埃格爾也遭土軍圍困（Eger ostroma），

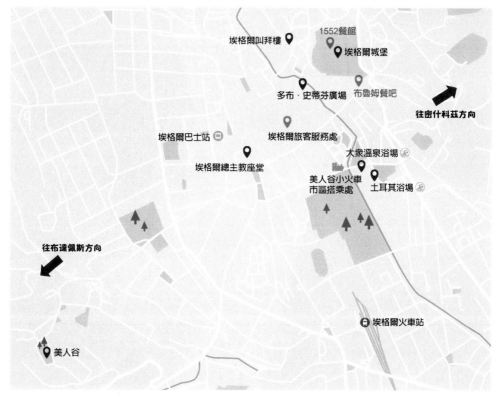

陷入危機的匈牙利戰士為增加勇氣與力量，出征前紛紛牛飲葡萄酒，以致身上的盔甲與鬍鬚都染紅。同時，「匈牙利人喝得紅酒混有公牛血」的謠言在土耳其士兵間傳開，由於他們迷信公牛血會帶給人強大的力量，便不敢再出兵攻擊（實際上埃格爾最終有被鄂圖曼帝國攻破，此說法並不符合史實）。時至今日，公牛血已是埃格爾最具代表性的特產，為了保護並監管品質，相關機構規定必須符合「含 3 種以上葡萄品種釀造」、「單 1 品種不得超過 50%」、「酒精含量 10.6% 以上」、「至少於木桶內熟成 6 個月」等條件的葡萄酒，才可稱作公牛血。

INFO ·······························

埃格爾旅客服務處 Tourinform

🏠 Eger, Bajcsy-Zsilinszky Endre 9, 3300
📞 +36 36 517 715
🕐 08:00 ～ 17:00（周六、周日休）
🌐 visiteger.com

怎麼去

埃格爾火車站

由布達佩斯前往埃格爾，可選擇搭乘火車或巴士。埃格爾火車站（Eger Mav Pu）與巴士站（Eger, autóbusz-állomás）周邊交通便利，可擇一乘坐。需注意的是，火車班次中 P 車種有時比 IC 更為理想（類似莒光號勝過自強號的概念），不僅票價低、直達（IC 需轉乘 1 次），有些班次甚至還比 IC 略快一點。

布達佩斯 ↔ 埃格爾推薦火車班次

去程	返程	班次資訊
東站 07:30 →埃格爾 09:25[IC]	埃格爾 15:04 →東站 17:00[P]	
東站 08:30 →埃格爾 10:25[IC]	埃格爾 15:31 →東站 17:30[IC]	車程去 [IC]1h55m、[P]1h50m
東站 09:00 →埃格爾 10:50[P]	埃格爾 16:31 →東站 18:30[IC]	車程返 [IC]1h59m、[P]1h56m ～ 2h01m
東站 09:30 →埃格爾 11:25[IC]	埃格爾 17:04 →東站 19:00[P]	里程 140km
東站 10:30 →埃格爾 12:25[IC]	埃格爾 17:31 →東站 19:30[IC]	[IC] 二等票 3,025Ft、[P]2,725Ft
東站 11:00 →埃格爾 12:50[P]	埃格爾 18:31 →東站 20:30[IC]	
東站 11:30 →埃格爾 13:25[IC]	埃格爾 19:04 →東站 21:05[P]	

註：火車班表可能變動，以上資訊僅供參考。

`INFO` ··

布達佩斯 ↔ 埃格爾巴士資訊

🚌 體育場巴士總站 ↔ 埃格爾巴士站
　　路線：1050 Budapest–Gyöngyös/Ludas–Kerecsend–Eger
🕐 布達佩斯發 05:55 ～ 22:45、埃格爾發 04:45 ～ 20:15
🔄 班距：30 分一班（15、45 分發車），假日減班
　　車程：2 小時
　　里程：128.3 公里
💲 2,520Ft
🔗 volanbusz.hu/hu/menetrendek/vonal-lista/vonal/?menetrend=1050

美人谷 Szépasszony-völgy

公牛血故鄉

　　位於埃格爾火車站以西 2 公里的美人谷，是一個聚集近 200 間酒窖的葡萄酒觀光景區，遊客能以實惠的價格品嘗與購買包括公牛血在內的各種葡萄酒。埃格爾種植葡萄的歷史可追溯至 13 世紀，美人谷基於良好的地理條件，成為各酒莊儲存葡萄酒的首選，18 世紀下半便具備成熟的市場規模。除了享譽盛名的公牛

小火車美人谷搭乘處

血、Egri Cabernet Sauvignon（口味濃郁、果醋風味強烈）、Egri Kékfrankos（口感溫潤）一類紅葡萄酒，也有酸甜比例不同的 Egri Olaszrizling、Egri Leányka、Egri Muskotály、Egri Chardonnay 等多款白葡萄酒。

美人谷商家眾多，付少少費用就能試飲 5、6 種不同風味的葡萄酒，酒量一般者去 2、3 間便有醉倒的可能。如欲購買公牛血或其他紅白酒，除常見的玻璃裝瓶款，也有 1 公升起跳的家庭號塑膠桶，或可自行攜帶容器裝填。各酒窖價位雖有高低，但基本上都遠遠低於臺灣消費者的普遍認知，一杯公牛血有時不過台幣銅板價、百元就能笑納 1 大瓶！

 INFO ·················

美人谷

🏠 Eger, Szépasszonyvölgy, 3300　🕐 10:00 ～ 23:00（各店不一）

🚌 火車站／市中心步行約 25 ／ 30 分；搭計程車，單趟車資約 1,200Ft；Egészségház utca 站（Egészségház 街和 Klapka György 街交叉口）乘坐藍白色接駁小火車或電瓶車前往。小火車每小時一班，去程 10:00 ～ 17:00、返程 10:30 ～ 17:30（每小時一班），來回票 900Ft；電瓶車每小時一班，去程 10:45 ～ 18:45、返程 11:15 ～ 19:15，來回票 900Ft。

🌐 szepasszonyvolgy.info

 景

多布 · 史蒂芬廣場 Dobó István tér

以寡擊眾的戰略雄才

巴洛克式風格的多布 · 史蒂芬廣場位於埃格爾市中心，為東北—西南走向、梯形布局，中央立有匈牙利代表性雕塑家施特羅布爾（Stróbl Alajos）於 1907 年創作的多布 · 史蒂芬雕像。多布為匈牙利貴族出身，於 1552 年埃格爾遭鄂圖曼

帝國圍困時擔任指揮官，以區區 2,300 名匈牙利士兵抵禦 4
萬土軍的猛烈攻擊而名留青史，至今仍是當地最受敬重的
英雄人物。

INFO ···

多布 · 史蒂芬廣場

🎵 Eger, Dobó István tér, 3300
🕐 全日

景 埃格爾總主教座堂 Egri Bazilika

信仰的中心

　　主教座堂的全名為「聖若望 · 聖彌
額爾暨聖母無原罪聖殿總主教座堂」，
是天主教埃格爾總教區的主教座堂，由
匈牙利古典主義建築的代表性人物希爾德
（Hild József）設計，1837 年落成，是匈
牙利最具規模的教堂之一。總主教座堂外
部長 93 公尺、寬 33 公尺，塔樓與圓頂分
別高 54 和 45 公尺，立面由 17 公尺高、
具希臘神廟風格的科林斯柱支撐，前方為
聖史蒂芬（匈牙利開國君主）、聖拉斯洛
伊世（Szent László，騎士精神在匈牙利的

理想化身）、聖彼得（Péter apostol）與聖保羅（Pál apostol）等 4 位聖人的雕像。

　　除了整體建築，堂內的管風琴與精緻細膩的壁畫也是重要看點，前者為 19 世紀歐洲著名鋼琴製造商路迪（Ludwig Mooser）的產品，是匈牙利境內首屈一指的教堂管風琴；後者完工於 1950 年，畫風融合巴洛克藝術與新古典形式。需注意的是，進入教堂參觀需遵守穿著規範，如：不能露肩膀（背心或無袖上衣 NG）或過分暴露等，舉行禮拜時也不可隨意走動和拍照。

INFO

埃格爾總主教座堂

🏠 Eger, Pyrker János tér 1, 3300

📞 +36 36 515 725

💲 200Ft ～ 300Ft（自由捐獻）

🕐 周一至周六 08:30 ～ 18:00、周日 13:00 ～ 18:00

📱 eger-bazilika.plebania.hu

 ## 埃格爾叫拜樓 Minaret Eger

鄂圖曼帝國遺留的印記

　　叫拜樓又稱宣禮塔、望月樓，阿拉伯原文意譯為尖塔，是清真寺群體建築的一部分，具有召喚信眾禮拜、觀察新月以確定齋戒月的起訖日期等功能。匈牙利境內的叫拜樓均為鄂圖曼土耳其帝國統治時興建，目前倖存的 3 座分別位在埃格爾、佩奇和埃爾德（Érd），前兩者為原址原貌保留、後者則經過修復，其中埃爾德叫拜樓更是全歐緯度最北、最古老的一座。

埃格爾叫拜樓始建於 1596 年，塔身有 14 個面、塔高 40 公尺，鄂圖曼帝國被驅離後，當地人曾試圖拆毀但失敗告終，取而代之的是將天主教的十字架替代原本置於塔頂、象徵鄂圖曼帝國的新月符號。數百年過去，叫拜塔不再是被佔領的屈辱象徵，頂端並立十字架與新月，藉此彰顯匈牙利與土耳其的良好關係。需提醒的是，叫拜樓內有 97 階樓梯通往瞭望台，雖然視野極佳，但由於塔身細長、樓梯狹窄且空氣不流通，有幽閉恐懼和懼高症者很可能感到不適，登樓前請務必三思。

INFO ··

埃格爾叫拜樓

🏠 Eger, Knézich Károly u. 0, 3300
🕐 4 月至 9 月 10:00 ～ 18:00、10 月至 3 月 10:00 ～ 17:00
💲 300Ft（整修期間暫停開放）
📇 minareteger.hu

 ## 土耳其浴場 Török fürdő

學土耳其人洗身軀

土耳其浴為土耳其人在古羅馬人洗浴習慣的基礎上，延伸而來的獨特浴場文化，也是伊斯蘭教重視清潔的重要體現。一般而言，沐浴者會先藉高溫蒸氣逼出全身汗水，再以冷或溫水沖洗並進行按摩或修剪指甲，最後在暖房擦乾身體。

位於埃格爾市區的土耳其浴場建於 17 世紀初，泉源溫度介於 30℃～ 32℃，不僅有土耳其式泳池，還包含按摩、蒸氣及沐浴等不同功能的浴間。與許多匈牙利浴場相仿，這裡的溫泉同樣具療效，泉水中的氡成分可透過皮膚進入體內，有助於緩解風溼痛、關節炎、代謝疾病、循環系統障礙、神經系統受損等病況。除了水上體操、飲水療法、噴水按摩等付費浴療，浴場也有提供電療一類的物理治療與各式按摩

（25 分鐘按摩基礎課程收費 4,000Ft），旅客可根據個人健康狀況斟酌體驗。除了土耳其浴場，附近還有一座頗具規模的大眾溫泉浴場（Termál fürdő），場內有許多遊樂設施與溫泉設備，相較講究蒸泡、適合成人的土耳其浴，親子遊或偏好水上活動的朋友可能更喜歡這裡。

INFO ....

土耳其浴場

🏠 Eger, Fürdő u. 3, 3300　　　📞 +36 36 510 552

🕐 周一與周二 16:30 ～ 21:00、周三與周四 15:00 ～ 21:00、周五 13:00 ～ 21:00、周六與周日 09:00 ～ 21:00

💲 2,200Ft（可停留 2.5 小時，逾時價每分鐘 25Ft）、1,100F（周日 19:00 以後入場）

🌐 torokfurdo.egertermal.hu

大眾溫泉浴場

🏠 Eger, Petőfi Sándor tér 2, 3300

📞 +36 36 510 559

🕐 09:00 ～ 19:00

💲 1,900Ft、家庭票（兩大一小）4,900Ft

🌐 termalfurdo.egertermal.hu

 ## 埃格爾城堡 Egri Vár

重溫 1552 榮耀

　　埃格爾城堡的前身位在鄰近的上塔爾卡尼村（Felsőtárkány）城堡山（Várhegy）上，1241 年毀於蒙古軍入侵期間，1248 年埃格爾總主教決定將城堡遷至埃格爾市內、海拔 180 公尺的石山，也就是今日所見的規模。埃格爾城堡最

著名的歷史事件，就是 1552 年在指揮官多布 ・ 史蒂芬領導下以寡擊眾，使土軍包圍計畫失敗收場的偉大戰役。後話是，鄂圖曼帝國並未放棄出兵圍攻，終於 1596 年佔領埃格爾城堡，直到 1687 年才由哈布斯堡王朝奪回控制權。對匈牙利人而言，埃格爾城堡具有保家衛國、抵禦外侮的象徵意義，城堡內不僅收藏並展示許多與戰爭相關的文物，也有一些遠至石器時代的考古發現與各種主題特展。

`INFO` ··

埃格爾城堡

⌂ Eger, Vár 1, 3300
☎ +36 36 312 744
🕐 園區旺季（3 月 30 日至 11 月 4 日）08:00 ～ 22:00、淡季（11 月 5 日至 3 月 29 日）08:00 ～ 18:00；博物館旺季 10:00 ～ 18:00、淡季 10:00 ～ 16:00（周一休）
$ 園區＋博物館 1,700Ft、園區 850Ft
🖰 egrivar.hu

 # 1552 餐館 1552 Étterem

料理匈＋土

　　位於埃格爾城堡範圍內的 1552 餐館，顧名思義是以「對埃格爾別具意義的 1552 年」作為店名，餐館不僅位置特殊，混和匈牙利與土耳其風味的餐點也十分豐富與道地，食客既可在此嘗到美味的匈牙利牛肉湯、鵝肝牛排，也能喝上一

杯現煮的土耳其咖啡（Török kávé）。餐館的食材新鮮、餐點份量足、酒單選項洋洋灑灑，加上恰到好處的烹調手法與親切友善的服務，使她成為埃格爾最受歡迎的餐館之一。

INFO ···

1552 餐館

🏠 Eger, Vár 1, 3300

📞 +36 30 869 6219

🕐 08:00 ～ 21:00

💲 4,500Ft ～ 7,500Ft

🍴 前菜 1,980Ft 起、主菜 2,790Ft 起、牛肉湯 1,350Ft、甜點 1,290Ft 起、土耳其咖啡 890Ft

🌐 1552.hu

布魯姆餐吧 BrumBrum lényegében büfé

必吃漢堡包

地處埃格爾城堡山腳下的布魯姆餐吧，是以輕食簡餐為主的旅館、餐館兼酒吧，除午、晚餐及消夜，假日時也供應早午餐。其中，使用安格斯牛肉製作的漢堡組合（Rántott szzpecsenye burgonyasalátával，2,200Ft），是布魯姆最受歡迎的餐點，漢堡雖然尺寸迷你，但手工製作的肉排厚重紮實，一口咬下、鮮嫩爆漿，令各國饕客一吃難忘。

INFO ·································

布魯姆餐吧

🏠 Eger, Tinódi Sebestyén tér 4. (régi Dózsa György tér), 3300（鄰近城堡入口處）

📞 +36 36 516 180

🕐 周三至周五 12:00 ～ 23:00、周六 08:00 ～ 23:00、周日 08:00 ～ 22:00（周一、周二休）

💲 前菜 400Ft 起、主菜 1,900Ft 起、甜點 1,000Ft、早餐 990Ft 起

🍴 3,000Ft ～ 5,000Ft

🌐 imolaudvarhaz.hu

佩奇

宗教文化

　　佩奇為匈牙利第 5 大城、南部巴蘭尼亞州（Baranya）首府與政經中心，距離布達佩斯約 200 公里，儘管景點集中，卻因車程相對耗時而至少需要 2 天 1 夜的時間。結束佩奇行程後，除乘車返回布達佩斯，亦可繼續往南穿越國境，前往克羅埃西亞或塞爾維亞。

 佩奇 Pécs

　　佩奇建城已有近兩千年歷史，早在羅馬帝國統治時期就是潘諾尼亞省的索琵亞諾市（Sopianae），世界文化遺產——早期基督徒墓地便建於此時。匈牙利王國成立後，佩奇地位依舊重要，開國君主聖史蒂芬一世於 1009 年在佩奇創建天主教教區，洛約什一世（Louis I，被譽為匈牙利最強大的君主）更在 1367 年創立

佩奇主教座堂

喬納伊瓷器博物館

卡西姆帕夏清真寺

佩奇早期基督徒墓地

塞切尼廣場

國王街

佩奇旅客服務處

佩奇國家劇院

巴爾幹小酒館

布夫小酒館

喬納伊噴泉

佩奇猶太教堂

佩奇巴士總站

巴士轉乘站

佩奇火車站

匈牙利第一所大學——佩奇大學（Pécsi középkori egyetem）。遺憾的是，佩奇大學在 1390 年前後因故消失，目前僅存舊址遺跡（鄰近佩奇主教座堂），與現存 1921 年成立的同名大學（Pécsi Tudományegyetem）並無關聯。

　　來到佩奇，市區以塞切尼廣場為中心向外延伸，貫穿其間的國王街（Király utca）則是聚集咖啡館、餐廳、畫廊與古老建築的主要步行街，範圍不大，可以徒步方式隨興觀光。除了欣賞世界遺產、教堂、古蹟和博物館，這裡也是匈牙利知名陶瓷品牌——喬納伊的生產中心。

`INFO` ···

佩奇旅客服務處 Tourinform

🏠 Pécs, Széchenyi tér 1, 7621（塞切尼廣場旁）
📞 +36 72 511 232
🕐 平日 08:00 ～ 20:00、周六 09:00 ～ 20:00、周日 10:00 ～ 18:00
🔍 iranypecs.hu

怎麼去

　　由布達佩斯前往佩奇，可選擇搭乘火車或巴士。佩奇火車站與巴士總站（Autóbuszállomás Pécs Nagy Lajos király útja）皆鄰近市中心。以速度最快的班次比較，火車少於 3 小時，巴士則為 4 小時出頭，唯前者票價略高（火車二等

佩奇火車站

票 4,485Ft、巴士 3,690Ft）。此外，雖然火車東站、南站均有車班發往佩奇，但南站班次都為車程 4 小時的慢車，因此以東站發車、車程 2 小時 55 分的城際（IC）班次較理想。

布達佩斯 ↔ 佩奇推薦火車班次

去程	返程	班次資訊
東站 07:45 →佩奇 10:40	佩奇 13:10 →東站 16:14	
東站 09:45 →佩奇 12:40	佩奇 15:14 →東站 18:14	車程去 2h55m、車程返 3h+
東站 11:45 →佩奇 14:40	佩奇 17:10 →東站 20:14	里程 237km
東站 13:45 →佩奇 16:40	佩奇 19:14 →東站 22:14	二等票 4,485Ft、一等票 5,475Ft
東站 15:45 →佩奇 18:40		

註：火車班表可能變動，以上資訊僅供參考。

INFO ··

布達佩斯 ↔ 佩奇巴士資訊

🚌 人民公園巴士總站 ↔ 佩奇巴士總站
   1134 Budapest–Dunaújváros–Szekszárd–Pécs–Siklós
🕐 布達佩斯發 05:00 ～ 20:40、佩奇發 05:30 ～ 17:30
🔄 班距：1 ～ 2 小時一班，假日減班
   車程：4 小時 10 分
   里程：217.3 公里
💲 3,690Ft
🌐 volanbusz.hu/hu/menetrendek/vonal-lista/vonal/?menetrend=1134

鄰近火車站的巴士轉運站

景 塞切尼廣場 Széchenyi tér

城市中心

塞切尼廣場位在佩奇市中心，12 條街道匯集於此，周圍有包括市政廳、教堂、法院、旅館、卡西姆帕夏清真寺等歷史建築。廣場曾有過市集、城市廣場、主廣場等不同的稱呼，至 1864 年才正式以伊斯特凡 · 塞切尼伯爵之名命名。廣場中

喬納伊噴泉

央立有三位一體及國民英雄匈雅提 · 亞諾什（Hunyadi János，曾於 15 世紀貝爾格勒之圍中擊敗鄂圖曼帝國 10 萬大軍）的雕像，附近亦可見由喬納伊瓷器廠精心製作的裝置藝術——喬納伊噴泉（Zsolnay-kút）。2010 年，佩奇與德國埃森、土耳其伊斯坦堡並列該年度歐洲文化之都，塞切尼廣場便在此主軸下進行新一波的翻修。

 INFO ·······································

塞切尼廣場

 Pécs, Széchenyi tér, 7621　　🕐　全日

景 **卡西姆帕夏清真寺** Gázi Kászim pasa dzsámija

教堂→清真寺→教堂

　　毗鄰塞切尼廣場的卡西姆帕夏清真寺，建於 16 世紀中鄂圖曼帝國統治期間，不僅是匈牙利境內規模最大的鄂圖曼式建築，亦為歐洲最北端完整保存的清真寺。卡西姆帕夏清真寺的前身為聖巴多羅買教堂（Szent Bertalan），土耳其人佔領後淪為廢墟，未幾就把部分磚石用於興建清真寺。鄂圖曼帝國戰敗撤離後，清真寺於 1702 年轉作教堂，對內部進行改造之餘，叫拜樓也在 1766 年被耶穌會教

具有清真寺特色的天主教堂祭壇　　　　　　　　教堂內保有原本清真寺的圓形穹頂結構

士拆除，目前為隸屬羅馬教廷的聖母瑪利亞教堂（Gyertyaszentelő Boldogasszony-templom）。

　　儘管身分由清真寺變為教堂，但主體部分仍保持原本鄂圖曼式結構——建築長寬相等、均為百步，有一座巨大圓形穹頂，風格在參考土耳其聖索菲亞大教堂的基礎上，融入更多中東特色。相較幾乎維持原狀的外觀，內部因信仰變換而有明顯差異，原本的講壇、洗淨水房等已不復見，取而代之的是融入鄂圖曼元素的天主教祭壇。

INFO ⋯⋯

卡西姆帕夏清真寺

🏠 Pécs, Hunyadi út 4, 7621　　📞 +36 72 321 976

🕐 5 月至 9 月周一至周四 09:00 ～ 17:00、周五 09:00 ～ 17:00 + 19:00 ～ 22:00、
周六 09:00 ～ 17:00 + 19:30 ～ 22:00、周日 13:00 ～ 17:00；
10 月至 4 月周一至周六 09:00 ～ 17:00、周日 13:00 ～ 17:00

💲 1,800Ft、清真寺＋佩奇主教座堂 3,200Ft

景 佩奇國家劇院 Pécsi Nemzeti Színház

藝文表演中心

　　19 世紀初，佩奇已累積為數眾多的戲劇愛好者，但當地卻沒有可供演出的專業劇院，為了回應人們對高素質表演場所的渴望，官方決定透過徵稿選出最佳劇院設計圖。1890 年，建築師阿道夫（Adolf Lang）的作品在比賽中勝出，市府透過加稅和借貸籌得資金，最終於 1895 年落成。國家劇院整體屬新文藝復興風格，中央圓頂上的 Génius 青銅雕像，是匈牙利著名公共藝術雕刻家凱斯（Kiss

György）和喬納伊瓷器廠的共同創作。國家劇院不僅經常性地有不同性質的劇團來此演出，也是享譽歐洲的匈牙利現代芭蕾舞團──佩奇芭蕾（Pécsi Balett）的根據地。

INFO ┈┈┈┈┈┈┈┈┈┈┈┈┈┈┈┈┈┈┈┈┈┈┈┈┈┈┈┈┈┈┈┈┈┈┈┈┈┈

佩奇國家劇院

🏠 Pécs, Színház tér 1, 7621 　📞 +36 72 512 660
🕐 每日 15:00、19:00 有售票表演
💲 表演門票 1,300Ft 起　　📶 pecsinemzetiszinhaz.hu

 ## 佩奇猶太教堂 Pécsi Zsinagóga

信仰的力量

佩奇很早就有猶太裔居民，鄂圖曼帝國佔領期間遭到土耳其人驅離，1692 年又因非天主教徒的身分再次被逐。19 世紀初，隨著猶太人在歐洲的權利獲得解放，大量的猶太人遷返佩奇，猶太公墓、教堂、學校陸續興建，其中 1869 落成的佩奇猶太教堂，至今仍是匈牙利西部最具規模的一座。

佩奇猶太教堂耗資 12 萬福林，超過一半的資金來自向信徒預收的座位費，建築屬浪漫主義風格，堂內裝飾講究典雅。教堂立面最重要的元素是大型華麗的窗戶，中央時鐘的周圍以希伯來文寫著「我的家，將成為所有人民的祈禱之家」。二次大戰期間，大量的匈牙利猶太人死於納

粹黨羽箭十字黨的迫害，佩奇也僅有一成猶太人倖免。戰後，他們暫無經濟能力修繕教堂，導致建築情況頹圮惡化，直到 1980 年代才展開大規模的翻新工程，恢復昔日的宏偉榮景。

`INFO` ┄┄┄┄┄┄┄┄┄┄┄┄┄┄┄┄┄┄┄┄┄┄┄┄

佩奇猶太教堂

🏠 Pécs, Fürdő u. 1, 7621
📞 +36 72 214 863
🕐 4 月至 10 月周五～周日 10:00 ～ 17:00
💲 600Ft

佩奇早期基督徒墓地 Pécsi Ókeresztény Sírépítmények

地底的時空膠囊

佩奇在羅馬帝國統治時期為潘諾尼亞省的索琵亞諾市，當時居住在此的基督教徒修建數量可觀的墓地，卻因故被掩埋遺忘，直到 1,400 年後的 18 世紀初，古墓群遺址才被陸續挖掘出土，現行出土的墓室總數超過 500 座，範圍主要分布在塞切尼廣場周邊。鑑於古墓群完整保留早期基督教的墓葬文化、墓室格局（上下兩層，上為教堂、下為墓室）與華麗優秀的宗教壁畫（鴿子、壺等象徵早期基督教的符號和亞當、夏娃、東方三博士、但以理被投入獅子坑中等聖經場景），並見證佩奇自 4 世紀以來從未中斷的基督教聖地地位，聯合國教科文組織便於 2000 年將其中 16 座墓室列入世界文化遺產。

INFO ···

佩奇早期基督徒墓地

🏠 Pécs, Szent István tér 12, 7621

📞 +36 72 224 755

🕐 4 月至 10 月 10:00 ～ 18:00、11 月至 3 月 10:00 ～ 17:00（周一休）

💲 1,700Ft

⊙ septichora.hu

佩奇主教座堂 Pécsi Székesegyház

千年的榮光

擁有 4 座塔樓的佩奇主教座堂，毗鄰佩奇早期基督徒墓地園區，是整座城市最具特色的建築之一，教堂總長 70 公尺、寬 22 公尺，塔高 60 公尺。主教座堂的基礎可回溯至 4 世紀末、羅馬時代晚期，據信當時這裡有一座早期的基督教教堂；11 世紀初，聖史蒂芬一世下令擴建有兩座塔樓的羅馬式教堂，唯建築於 1064 毀於大火。之後數百年，教堂經歷數度破壞（蒙古、土耳其入侵）與不同風格的重建，19 世紀才陸續完成今日所見規模。

堂內不時有管風琴現場演奏

佩奇主教座堂的立面是 1831 年根據建築師波拉克（匈牙利國家博物館亦為其作品）的設計建造，新羅馬式風格則出自奧地利建築師施密特（Friedrich von Schmidt）之手，他在恢復阿爾帕德王朝時代原貌及慶祝匈牙利建國千年的前提

下，將堂內原本的巴洛克式祭壇、長椅及堂外的中世紀圍牆拆除，後者原址便是現在的主座教堂廣場（Dóm tér）。1962～1968 年間，教堂再度進行翻修，將風化的 12 門徒雕像置換、修復畫作、重新鍍金等，2018 年又展開新一波的更新，提升燈光、音響效果並連接市區供暖系統。

教堂祭壇　　　　　　堂內裝飾

INFO ··

佩奇主教座堂

🏠 Pécs, Szent István tér 23, 7624
📞 +36 72 513 057
🕐 5 月至 9 月周一至周四 09:00 ～ 17:00、周五與周六 09:00 ～ 17:00 + 19:30 ～ 22:00、周日 13:00 ～ 17:00；10 月至 4 月周一至周六 09:00 ～ 17:00、周日 13:00 ～ 17:00
💲 1,800Ft、主教座堂＋卡西姆帕夏清真寺 3,200Ft
🌐 pecsiegyhazmegye.hu

喬納伊瓷器博物館 Zsolnay Múzeum

品牌的故事

　　作為匈牙利首屈一指的陶瓷器具品牌，1853 年創立的喬納伊瓷器不僅在首都開設美輪美奐的銷售旗艦店，亦於工廠所在的佩奇設立博物館，展示百餘年來

出品的豐碩成果。瓷器博物館位在佩奇最古老的建築內，其最早的書面紀錄可追溯至 1324 年，1477 年時匈牙利第一座公共圖書館落腳於此，至今外牆仍殘存文藝復興時期的壁畫與浮雕。博物館的 1 樓多為裝飾

教堂與公共建築的大型作品，2 樓則以喬納伊瓷器的歷年作品為主，完整收錄不同時代的時尚元素與設計師的風格取向，以及創辦人喬納伊家庭成員的素描、繪畫與照片等。

 INFO

喬納伊瓷器博物館

🏠 Pécs, Káptalan u. 2, 7621
📞 +36 72 514 045
🕐 10:00 ～ 18:00（周一休）
💲 1,500Ft、語音導覽 400Ft
🌐 zsolnay.hu/hu/zsolnay-muzeum

布夫小酒館 Blöff Bisztró

一流「烤」手

位於市中心的布夫小酒館，是以地中海料理聞名的家庭式餐館，開業僅短短幾年，便已在貓途鷹網站累積破百好評。小酒館空間不大、氣氛溫馨，上菜速度快且份量足，廚師擅長以燒烤手法烹調各式海鮮肉類，其中以烤鮮魚和章魚最為出色。此外，現點現做的自製三明治外香脆內爆餡，同樣備受食客推崇。

布夫擅長烤鮮魚料理

 INFO

布夫小酒館

🏠 Pécs, Jókai u. 4, 7621
📞 +36 72 497 469
🕐 11:00 ～ 00:00
💲 自製三明治 1,650Ft 起、烤肉料理 2,100Ft 起、肋眼牛排 4,200Ft、沙拉 550Ft 起
👤 2,500Ft ～ 5,500Ft
🌐 facebook.com/Blöff-Bisztró-122505751420351

巴爾幹小酒館 Balkán Bisztró

半島美食小旅行

　　強調用料新鮮、現點現製的巴爾幹小酒館，以放鬆溫馨的氛圍、豐富多樣的沁涼啤酒與美味食物廣受喜愛，店家精選巴爾幹半島各國的優質食材，讓食客透過味蕾認識不同的民族文化。如果氣候允許，不妨到小酒館隨興舒適的戶外庭院區用餐，享受在綠意包圍下的愜意午後。需留意的是，晚餐時段人潮多，出餐速度較慢，不想久候的朋友可於午間光顧。

INFO ···

巴爾幹小酒館

🏠 Pécs, Ferencesek utcája 32, 762
📞 +36 30 891 6809
🕐 11:30 ～ 22:00（周一休）
💲 前菜 2,150Ft 起、經典拼盤 1,390Ft 起、漢堡 1,850Ft 起、甜點 750Ft、生啤酒 620Ft 起
👤 2,500Ft ～ 4,500Ft
🌐 balkanbisztro.hu

德布勒森 / 霍爾托巴吉國家公園
人文 + 野性

德布勒森與霍爾托巴吉國家公園在地理位置接近又有大眾運輸串聯的前提下，幾乎成為有「德」必有「吉」的套裝組合。行程安排上，不妨以距離較遠的德布勒森為起點，之後乘火車或巴士至距離僅 38 公里的霍爾托巴吉鎮，再由此步行前往鄰近的國家公園。需留意的是，自霍爾托巴吉返回布達佩斯的火車、巴士班次較少，請事先查妥時刻表，以免耽誤後續旅程。

2 天 1 夜交通規劃

第 1 日	火車西站（Budapest-Nyugati）07:23 或 08:23 發→德布勒森（Debrecen）10:11 或 11:11 到。 直達、車程 2h48m、二等票 4,485Ft
第 2 日	德布勒森巴士站（Debrecen, autóbusz-állomás）07:00 發→霍爾托巴吉巴士站（Hortobágy, Csárda）07:40 到。 車程 40m、票價 745Ft
	德布勒森火車站（Debrecen）08:45 發→霍爾托巴吉火車站（Hortobágy）09:35 到。 車程 50m，票價 840Ft
	霍爾托巴吉巴士站 16:40 發→體育場巴士總站（Stadion autóbusz-pályaudvar）19:20 到。 車程 2h40m，票價 3,130Ft
	霍爾托巴吉火車站（Hortobágy）17:36 發→火車東站（Budapest-Keleti）20:40 到。 Füzesabony 站轉乘、車程 3h04m、票價 3,795Ft

德布勒森 Debrecen

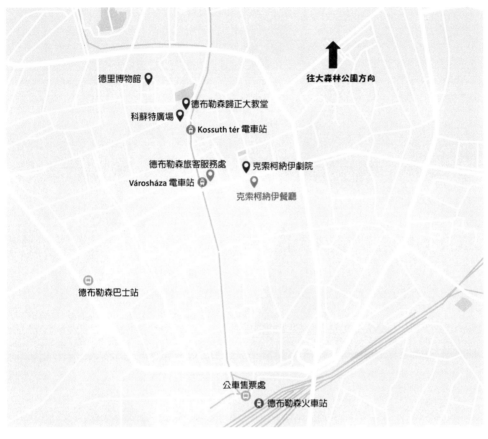

德里博物館

德布勒森歸正大教堂

科蘇特廣場

Kossuth tér 電車站

德布勒森旅客服務處

Városháza 電車站

克索柯納伊劇院

克索柯納伊餐廳

往大森林公園方向

德布勒森巴士站

公車售票處

德布勒森火車站

位於布達佩斯以東 220 公里的德布勒森，為豪伊度-比豪爾州（Hajdú-Bihar megye，與羅馬尼亞接壤）的首府和匈牙利第二大城。早在馬札爾人佔領前，就有不同部族聚居於此，13 世紀中開始快速

發展，16 世紀初已是重要的商業城鎮。鄂圖曼帝國入侵期間，德布勒森由於靠近邊界又無城牆城堡阻擋，唯有靠當地領導人靈活的外交手腕，才得以在夾縫中求生存。1693 年，神聖羅馬帝國皇帝利奧波德一世將德布勒森提升為帝國自由城市，使其成為匈牙利東部的文化、貿易、宗教中心。二戰期間，德布勒森曾發生長達 12 天的坦克大戰，近 7 成建物遭損毀，所幸很快恢復市容，並在 1944 ～ 1945 年間短暫擔任匈牙利首都。時至今日，德布勒森不僅是工商業蓬勃，亦為人文薈萃的學術重鎮。

`INFO` ··

德布勒森旅客服務處 Tourinform

🏠 Debrecen, Piac u. 20, 4024（德布勒森市政府建築群內）
📞 +36 52 412 250
🕐 平日 09:00 ～ 17:00、周六 09:00 ～ 13:00（周日休）

怎麼去

　　由布達佩斯前往德布勒森，可選擇搭乘火車或巴士。德布勒森火車站與巴士站（Debrecen, autóbusz-állomás）均靠近市中心，唯巴士班次不若火車密集。以速度快的班次比較，火車需時 2 小時 48 分，巴士則為 3 小時 20 分，儘管後者票價略低（火車 二 等 票 [IC]4,605Ft、[P]3,950Ft；巴士

德布勒森火車站

3,690Ft），但礙於巴士車班少又耗時，整
體仍以火車為優。此外，火車班次中 P 與
IC 車種的部分行車時間僅差十幾分鐘，如
時間恰好能遇上這類班次，也可優先考慮選
擇 P 車種。

公車售票處

　　德布勒森市內大眾運輸便利，以電車
1、2 號最好利用，遊客可於火車站對面的公車售票處購買單程票、每張 330Ft，
為免麻煩，可一次購足所需的車票數量，部分車站也有設置自動售票機。

布達佩斯 ↔ 德布勒森推薦火車班次

去程	返程	班次資訊
西站 07:23 →德布勒森 10:11[IC]	德布勒森 15:47 →西站 18:37[IC]	車程去 [IC]2h48m、[P]3h06m
西站 08:23 →德布勒森 11:11[IC]	德布勒森 16:27 →西站 19:32[P]	車程返 [IC]2h50m、[P]3h05m
西站 08:28 →德布勒森 11:34[P]	德布勒森 16:47 →西站 19:37[IC]	里程 221km
西站 09:23 →德布勒森 12:11[IC]	德布勒森 17:47 →西站 20:37[IC]	[IC] 二等票 4,485Ft、[P]4,305Ft
西站 10:23 →德布勒森 13:11[IC]	德布勒森 18:27 →西站 21:32[P]	
西站 10:28 →德布勒森 13:34[P]	德布勒森 18:47 →西站 21:37[IC]	
西站 11:23 →德布勒森 14:11[IC]		

註：火車班表可能變動，以上資訊僅供參考。

INFO ···

布達佩斯 ↔ 德布勒森巴士資訊

🚌 體育場巴士總站 ↔ 德布勒森巴士站
　　路線：1060 Budapest - Debrecen
🕐 布達佩斯發 07:00、17:00；德布勒森發 07:00、16:00
🔍 車程：3 小時 20 分
　　里程：217.4 公里
💲 3,690Ft
📲 volanbusz.hu/hu/menetrendek/vonal-lista/vonal/?menetrend=1060

德布勒森歸正大教堂 Református Nagytemplom

新教的聖殿

16 世紀時，法國宗教改革神學家約翰・喀爾文創立基督新教的重要派別——歸正宗（或稱喀爾文派），這套理論很快在德布勒森廣泛推行，居民多成為歸正宗的信徒，因此德布勒森也被稱作「歸正宗信徒的羅馬」。位於市中心的歸正大教堂，不僅是匈牙利規模最大的歸正宗教堂，也是新教教會的象徵。教堂建於 1805 ～ 1824 年間，面積 1,500 平方公尺、最多可容納 5,000 人，由匈牙利建築師佩克（Péchy Mihály）設計，屬新古典主義風格。除了宗教意涵，歸正大教堂也在匈牙利歷史上佔有一席之地——1848 年匈牙利革命期間，民族英雄科蘇特於此發表「匈牙利獨立宣言」，他當時坐得扶手椅（Kossuth széke）至

今仍擺放在教堂內。教堂前的科蘇特廣場（Kossuth tér）為城市的心臟地帶，周末假日有市集在此舉行，遊客也可於廣場旁搭乘小火車至市北的大森林公園，是兼具觀光功能的交通選項，單趟車程 800Ft、來回票 1,200Ft。

科蘇特發表獨立宣言時所坐得扶手椅

INFO ·································

德布勒森歸正大教堂

🏠 Debrecen, Kossuth tér 1, 4026
📞 +36 30 190 4409
🕐 6 月至 8 月平日 09:00 ～ 18:00；3 月至 5 月 &9 月至 10 月平日 09:00 ～ 16:00；11 月至 2 月平日 10:00 ～ 15:00；全年周六 09:00 ～ 13:00、周日 12:00 ～ 16:00
💲 700Ft
🚌 Kossuth tér 電車站（1、2）即達

妥善保存的教堂原始屋頂　　　　　　　匈牙利獨立宣言

Part
5

暫離「布」鄉——布達佩斯出發的過夜行程

 # 德里博物館 Déri Museum

富豪的收藏

　　德里博物館為德布勒森最著名的收藏機構，前身是由珠寶藝術收藏家洛夫柯維斯（Löfkovics Artúr）於 1902 年創立的城市博物館（Városi Múzeum），之後在當地幾位民族學家、歷史學家的規劃下蓬勃發展。1920 年，紡織實業家兼收藏家德里（Déri Frigyes）把為數可觀的手工藝品與亞洲文物捐贈予匈牙利政府，他鑑於這些收藏將有助於當地高等學府進行相關文化研究，便決定在原有的城市博物館基礎上，出資創建一座綜合性的收藏機構。1923 ～ 1929 年，博物館進行大規模的改造，主樓為巴洛克式風格的雙層建築，遺憾的是，一手促成的德里在 1924 年於維也納家中意外過世，為感念他的貢獻，重新開幕的博物館便以「德里」命名。

　　德里博物館最知名的收藏，為匈牙利寫實畫家蒙卡奇（Mihály Munkácsy，1844 ～ 1900）的基督三部曲（Krisztus-trilógiájának képei）——基督在皮拉特

面前（Krisztus Pilátus előtt，1881）、看這人啊（Ecce Homo，1896）和髑髏地（Golgotha，1884），表達基督徒對聖經的深刻體悟。

INFO

德里博物館

- 🏠 Debrecen, Déri tér 1, 4026
- 📞 +36 52 322 207
- 🕐 10:00 ～ 18:00（周一休）
- 💲 1,800Ft（所有畫作不得攝影）
- 🚋 Kossuth tér 電車站西北 350 公尺
- 🌐 derimuzeum.hu

 大森林公園 Nagyerdei Park

都市綠洲

距離市中心僅 10 分鐘車程的大森林公園，屬於歐盟「Natura 2000」自然保護區網絡的一部分。園區內有多達數百種受保護的動植物種與百年老橡樹，對市民而言，這裡不僅是遊憩放鬆的休閒場所，亦是淨化空氣的城市之肺。公園中央有一座佔地 7,471 平方公尺（約等於一座足球場）的青蛙湖（Békás-tó），湖面有壯觀的噴泉、湖畔有舒適的躺椅，是當地人享受日光浴的踏青首選。

INFO

大森林公園

- 🏠 Debrecen, Nagyerdei körút, 4032
- 🕐 06:00 ～ 01:00
- 🚋 Nagyerdei körút 電車站（1）即達

食 克索柯納伊餐廳 Csokonai Étterem

匈牙利式的滿腹而歸

克索柯納伊餐廳坐落於同名劇院（Csokonai Színház）對面的地下室內（入正門後循指示左轉至底，再右轉下樓梯），是德布勒森評價最高的餐館，供應美味道地、份量足、無地雷的匈牙利及中東歐傳統料理。眾主餐中，以鮮嫩多汁、口感奇佳的牛排料理（4,490Ft）最令人驚豔，其餘前菜、湯品與甜點同樣表現優異，一不注意就會吃到十成飽！食物大獲好評之餘，店內的環境與服務也備受稱讚，室內用餐區是以磚造地窖改建而成，與現代簡約的裝潢風格相當合拍。結帳時，服務生還會送上幸運骰盅，如能搖出指定字樣，就能享受免費一餐！

INFO ....

克索柯納伊餐廳

- Debrecen, Kossuth u. 21, 4024
- +36 52 410 802　　⏲ 12:00～23:00
- 💲 沙拉 1,700Ft 起、湯品 950Ft 起、主菜 2,590Ft 起、套餐 3,650Ft 起
- 👤 3,000Ft～5,500Ft
- 🚌 Városháza 電車站（1、2）以東 200 公尺；Csokonai Színház 公車站即達
- 🌐 csokonaisorozo.hu

霍爾托巴吉國家公園 Hortobágyi Nemzeti Park

位於匈牙利東部的霍爾托巴吉國家公園，以大面積的草原、溼地景觀與豐富珍稀的野生動植物聞名，園內有近 350 種的鳥類（紅腳隼、石、大鴇等）與匈牙利原生的灰色水牛（Magyar szürke szarvasmarha）、綿羊（Magyar racka juh）等在此棲息繁衍。國家公園始建於 1973 年，佔地超過 800 平方公里，1999 年列入

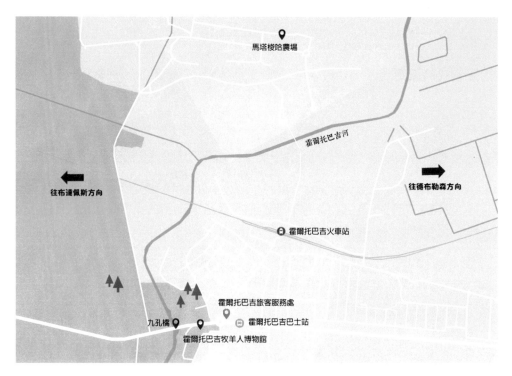

世界文化遺產名錄。除了一望無際的自然景觀，這裡也保留兩千年前馬札爾人傳統的游牧方式，同時是匈牙利著名的育馬中心。

　　進入霍爾托巴吉國家公園前，可先至霍爾托巴吉（Hortobágy）鎮內的國家公園旅客服務處諮詢，依照個人喜好選擇騎腳踏車（3月至11月，租賃一日1,500Ft，服務處結束營運前1小時須歸還）、至馬塔梭哈農場（Hortobágyi Nonprofit Kft. - Máta Stud Farm）參加馬車英語導覽團或當地專業導遊規劃的私房行程。國家

匈牙利原生灰色水牛

馬札爾人傳統馬術表演

公園的核心區就在旅客服務處斜對面的公園內，這裡可見刻有世界遺產標誌的石碑、相關博物館、跨越溼地的九孔橋（Kilenclyukú híd），以及欣賞一望無際的草原景觀。

INFO ···

霍爾托巴吉國家公園旅客服務處

🏠 H-4071 Hortobágy, Petőfi tér 9.

📞 +36 52 589 000

🕐 7 月、8 月 09:00～18:00；1 月 15 日至 31 日、2 月至 6 月、9 月至 11 月平日 08:00～16:00、假日 10:00～16:00；1 月 1 日至 14 日、12 月 15 日至 31 日關閉

🌐 hnp.hu/en/szervezeti-egyseg/tourism/oldal/hnp-visitor-center

馬塔梭哈農場（馬車英語導覽）

🏠 Hortobágy, Mátai Ménes, 4071
（Information）

📞 +36 52 589 369　　💲　2,600Ft

🕐 3 月至 11 月每日 10:00、12:00、14:00、16:00（需時 1.5h）

🔍 乘坐馬車遊覽農場飼養的牛羊牲畜與欣賞馬札爾人的傳統馬術表演

🌐 hortobagy.eu

怎麼去

　　由布達佩斯前往霍爾托巴吉，可選擇搭乘火車或巴士。霍爾托巴吉火車站與巴士站（Hortobágy, Csárda）均靠近鎮中心，前者距離 700 公尺、後者近在咫尺，但班次都不多。火車以東站搭乘、需在 Füzesabony 轉車的 IC 班次最佳，平均 2 小

行經霍爾托巴吉的均為普通列車

霍爾托巴吉火車站

時一班，總車程近 3 小時；巴士較少，需時 2 小時 40 分，自體育場巴士總站發車後，經停霍爾托巴吉，終點站為德布勒森。

布達佩斯 ↔ 霍爾托巴吉推薦火車班次

去程	返程	班次資訊
東站 07:25 →霍爾托巴吉 10:15	霍爾托巴吉 13:36 →東站 16:40	車程去 2h50m、車程返 3h04m
東站 09:25 →霍爾托巴吉 12:15	霍爾托巴吉 15:36 →東站 18:40	里程 186km
東站 11:25 →霍爾托巴吉 14:15	霍爾托巴吉 17:36 →東站 20:40	二等票 3,795Ft、一等票 4,425Ft

註：火車班表可能變動，以上資訊僅供參考。

INFO ....

布達佩斯 ↔ 霍爾托巴吉巴士資訊

🚏 體育場巴士總站 ↔ 德布勒森巴士站（經霍爾托巴吉）
1060 Budapest - Debrecen

🕐 布達佩斯發 07:00、17:00；霍爾托巴吉發往布達佩斯 07:40、16:40；霍爾托巴吉發往德布勒森 09:40、19:40

◎ 車程：往返布達佩斯 2 小時 40 分、往返德布勒森 40 分
里程：179.5 公里

💲 3,130Ft

🌐 volanbusz.hu/hu/menetrendek/vonal-lista/vonal/?menetrend=1060

釀旅人 39　PE0162

 匈牙利旅圖攻略：
布達佩斯×16座大城小鎮

作　　　者	粟　子
責任編輯	杜國維
圖文排版	楊廣榕
封面設計	楊廣榕

出版策劃	釀出版
製作發行	秀威資訊科技股份有限公司
	114 台北市內湖區瑞光路76巷65號1樓
	電話：+886-2-2796-3638　傳真：+886-2-2796-1377
	服務信箱：service@showwe.com.tw
	http://www.showwe.com.tw
郵政劃撥	19563868　戶名：秀威資訊科技股份有限公司
展售門市	國家書店【松江門市】
	104 台北市中山區松江路209號1樓
	電話：+886-2-2518-0207　傳真：+886-2-2518-0778
網路訂購	秀威網路書店：https://store.showwe.tw
	國家網路書店：http://www.govbooks.com.tw
法律顧問	毛國樑　律師
總 經 銷	聯合發行股份有限公司
	231新北市新店區寶橋路235巷6弄6號4F
	電話：+886-2-2917-8022　傳真：+886-2-2915-6275

出版日期	2019年3月　BOD一版
定　　價	420元

國家圖書館出版品預行編目

匈牙利旅圖攻略 ：布達佩斯×16座大城小鎮 /
粟子著. -- 一版. -- 臺北市：釀出版, 2019.03
　　面；　公分. -- (釀旅人；39)
BOD 版
ISBN 978-986-445-308-5(平裝)

1.旅遊　2.人文地理　3.匈牙利布達佩斯

744.2719　　　　　　　　　　　107022354

讀者回函卡

感謝您購買本書，為提升服務品質，請填妥以下資料，將讀者回函卡直接寄回或傳真本公司，收到您的寶貴意見後，我們會收藏記錄及檢討，謝謝！如您需要了解本公司最新出版書目、購書優惠或企劃活動，歡迎您上網查詢或下載相關資料：http:// www.showwe.com.tw

您購買的書名：＿＿＿＿＿＿＿＿＿＿＿＿＿＿＿＿＿＿＿＿＿＿＿＿＿

出生日期：＿＿＿＿＿年＿＿＿＿＿月＿＿＿＿日

學歷：□高中 (含) 以下　　□大專　　□研究所 (含) 以上

職業：□製造業　□金融業　□資訊業　□軍警　□傳播業　□自由業
　　　□服務業　□公務員　□教職　　□學生　□家管　　□其它＿＿＿

購書地點：□網路書店　□實體書店　□書展　□郵購　□贈閱　□其他

您從何得知本書的消息？

　□網路書店　□實體書店　□網路搜尋　□電子報　□書訊　□雜誌

　□傳播媒體　□親友推薦　□網站推薦　□部落格　□其他＿＿＿＿＿＿

您對本書的評價：（請填代號　1.非常滿意　2.滿意　3.尚可　4.再改進）

　封面設計＿＿＿　版面編排＿＿＿　內容＿＿＿　文／譯筆＿＿＿　價格＿＿＿

讀完書後您覺得：

　□很有收穫　□有收穫　□收穫不多　□沒收穫

對我們的建議：＿＿＿＿＿＿＿＿＿＿＿＿＿＿＿＿＿＿＿＿＿＿＿＿＿

＿＿＿＿＿＿＿＿＿＿＿＿＿＿＿＿＿＿＿＿＿＿＿＿＿＿＿＿＿＿＿＿

＿＿＿＿＿＿＿＿＿＿＿＿＿＿＿＿＿＿＿＿＿＿＿＿＿＿＿＿＿＿＿＿

＿＿＿＿＿＿＿＿＿＿＿＿＿＿＿＿＿＿＿＿＿＿＿＿＿＿＿＿＿＿＿＿

11466
台北市內湖區瑞光路 76 巷 65 號 1 樓

秀威資訊科技股份有限公司　　　收

BOD 數位出版事業部

....

（請沿線對折寄回，謝謝！）

姓　　名：＿＿＿＿＿＿＿＿　年齡：＿＿＿＿　性別：□女　□男

郵遞區號：□□□□□

地　　址：＿＿＿＿＿＿＿＿＿＿＿＿＿＿＿＿＿＿＿＿＿

聯絡電話：(日)＿＿＿＿＿＿＿＿＿　(夜)＿＿＿＿＿＿＿＿＿＿

E-mail：＿＿＿＿＿＿＿＿＿＿＿＿＿＿＿＿＿＿＿＿＿